# A Mãe Minuto

**A BIBLIOTECA DO GERENTE-MINUTO**

---

O GERENTE-MINUTO
O GERENTE-MINUTO EM AÇÃO
O GERENTE-MINUTO MANTÉM A FORMA
O GERENTE-MINUTO DESENVOLVE EQUIPES DE ALTO DESEMPENHO
O GERENTE-MINUTO E A ADMINISTRAÇÃO DO TEMPO
A LIDERANÇA E O GERENTE-MINUTO
A MÃE-MINUTO
O PAI-MINUTO
O PROFESSOR-MINUTO
UM MINUTO PARA MIM
O VENDEDOR-MINUTO

Spencer Johnson, M. D.

0:01

# A Mãe Minuto

A forma mais rápida de você ajudar seus filhos a aprenderem a gostar de si mesmos e a quererem se comportar da maneira adequada

Tradução de
Sonia Miranda

12.ª EDIÇÃO

EDITORA RECORD
RIO DE JANEIRO • SÃO PAULO

CIP-Brasil. Catalogação-na-fonte
Sindicato Nacional dos Editores de Livros, RJ.

J65m
12ª ed.

Johnson, Spencer
A mãe minuto / Spencer Johnson ; tradução de Sonia Miranda. — 12ª ed. — Rio de Janeiro : Record, 1996.

Tradução de: The one minute mother
"A forma mais rápida de você ajudar seus filhos a aprenderem a gostar de si mesmos e a quererem se comportar da maneira adequada"
ISBN 85-01-03581-5

1. Mães e filhos. 2. Responsabilidade materna. 3. Psicologia infantil. I. Título.

93-0378

CDD — 306.87
CDU — 173.5

Título original norte-americano
THE ONE MINUTE MOTHER



Impresso no Brasil pelo
Sistema Cameron da Divisão Gráfica da
DISTRIBUIDORA RECORD DE SERVIÇOS DE IMPRENSA S.A.
Rua Argentina 171 — 20921-380 Rio de Janeiro, RJ — Tel.: 585-2000

ISBN 85-01-03581-5

PEDIDOS PELO REEMBOLSO POSTAL
Caixa Postal 23.052 — Rio de Janeiro, RJ — 20922-970

## *O Símbolo*

O símbolo da Mãe-Minuto — o mostrador de um moderno relógio digital marcando um minuto — tem a intenção de fazer lembrar a cada um de nós que devemos reservar um minuto, várias vezes no decorrer de nossos dias, para olhar nos rostos de nossos filhos.

Dedicado à

minha mãe

*Madeline*

e a meus filhos

*Emerson* e *Cameron*

# Sumário

*Carta às Mães*:

Certamente você sabe, em função de sua própria experiência, que ser uma boa mãe requer mais do que um minuto.

No entanto, há maneiras de se comunicar com seus filhos — em apenas um minuto — que os ajudarão a aprender rapidamente a gostar de si mesmos e a querer se comportar de maneira adequada.

As técnicas são tão simples que pode ser difícil para você acreditar que elas funcionem.

No entanto, você poderá querer fazer o que outros pais já fizeram com sucesso — suspender o julgamento superficial dos três métodos de comunicação que você vai encontrar descritos neste livro até que os tenha efetivamente usado em sua própria casa, durante um mês.

Em seguida, julgue você mesma. Observe como o comportamento de seus filhos melhora. E pergunte a eles como se sentem bem em relação a si mesmos.

Estou certo de que você descobrirá o que eu e outros pais objetivos descobrimos com nossos filhos: tanto do ponto de vista dos filhos como dos pais, este método funciona!

Spencer Johnson

SPENCER JOHNSON, M.D.

# :01 A Mãe-Minuto

UMA VEZ, havia uma mulher jovem e inteligente que estava procurando uma mãe que pudesse realmente ser considerada eficiente.

Ela queria aprender os segredos práticos de uma boa relação com os filhos. E sabia que os descobriria apenas com alguém que os tivesse realmente vivenciado no dia-a-dia.

A jovem mulher grávida discutiu o assunto com o marido. Eles estavam de acordo quanto ao fato de que a nenhum dos dois tinha sido realmente ensinado como educar uma criança. No entanto, muito em breve, eles teriam seu próprio filho.

Assim, decidiram se educar primeiro, cada um a seu modo.

A jovem tirou uma licença no trabalho. Enquanto esperava seu bebê chegar, perguntou a outras mães como elas educavam seus filhos.

Nos vários meses que se seguiram, ela falou com muitas outras mulheres: jovens e maduras; donas-de-casa de comportamento tradicional e mulheres que trabalhavam fora; algumas com muitos filhos, outras com filhos únicos; mães casadas e mães solteiras ou desquitadas; mães de bebês que ainda engatinhavam e mães de adolescentes; mulheres que levavam sua responsabilidade materna a sério demais e outras que tinham conservado seu senso de humor.

A jovem estava começando a ver que as mulheres educam seus filhos de muitas maneiras diferentes.

Percebeu, porém, um ponto comum em todas elas: o quanto se preocupavam com seus filhos. Ela reparou com que empenho tentavam ser boas mães.

Descobriu, porém, o que tantas outras não queriam ver — os resultados de uma relação pobre: um desafio ou uma indiferença constante nos olhos de seus filhos; a tristeza e a frustração nos olhos daquelas mães. E não gostou nem um pouco dessa descoberta.

Mas sabia que devia haver uma maneira melhor.

Sabia que os resultados de uma boa relação eram amor, paz e alegria na família — tanto para os pais como para os filhos.

E estava decidida a descobrir.

Ela vira muitas mulheres que pareciam ser mães "duras" — aquelas que literalmente disciplinavam seus filhos.

Porque elas eram disciplinadoras tão firmes e seguras, alguns amigos dessas mulheres pensavam que fossem boas mães.

Muitos de seus filhos pensavam o contrário.

Quando a jovem se sentava nos lares dessas mães "duras", perguntava:

— Que tipo de mãe você se considera?

Suas respostas variavam muito pouco.

— Sou uma mãe conservadora — disse-lhe uma das entrevistadas.

— Sou uma mãe à moda antiga.

— Tradicional.

Ela ouvia o orgulho em suas vozes e seu interesse no bom comportamento de seus filhos.

A jovem também encontrou muitas mães aparentemente "boazinhas" que pareciam levar em consideração os sentimentos de seus filhos acima de qualquer outra coisa.

Porque pareciam ser tão compreensivas e simpáticas, algumas pessoas pensavam que fossem boas mães.

Seus filhos, porém, encaravam-nas de maneira muito diferente.

Quando a jovem se sentava e ouvia estas mães "boazinhas" responderem à mesma pergunta: "Que tipo de mãe você se considera?", a resposta variava muito pouco também:

— Sou uma mãe moderna.

Ou:

— Compreensiva.

— Protetora.

Mais uma vez, ela ouvia o orgulho em suas vozes e seu interesse na auto-estima de seus filhos.

Mas a futura mãe estava perturbada.

Era como se a maioria das mães em todo o mundo estivesse basicamente interessada *ou* no comportamento *ou* na auto-estima de seus filhos — um ou outro.

As mães que estavam interessadas em obter um bom comportamento de seus filhos eram freqüentemente consideradas "autoritárias", enquanto aquelas que desejavam auto-estima para seus filhos eram consideradas "permissivas".

A jovem percebeu que cada uma dessas mães — a autoritária e a permissiva — era apenas parcialmente eficiente. Sabia que todas estavam tentando o máximo, baseadas naquilo que sabiam fazer. "Mas", pensou ela, "isso é como ser *meia*-mãe."

Continuou a procurar outras mães — algumas até em cidades vizinhas —, mas de nada adiantou. Voltava à casa, depois de sua busca, cansada e desanimada.

A jovem já devia ter desistido da busca de uma mãe realmente eficiente há muito tempo, mas ainda tinha uma grande vantagem. Sabia exatamente o que estava procurando.

Um dia, comentou com o marido:

— Uma mãe verdadeiramente eficiente sabe, de alguma forma, como obter o melhor de todos os mundos. Sabe como ensinar seus filhos a gostarem de si mesmos *e* a ter um comportamento adequado. E, talvez, o mais importante, sabe como tirar prazer desse processo.

Finalmente, à medida que a jovem continuava a conversar com outras, começou a ouvir histórias maravilhosas sobre uma mulher ativa e interessante. Na sua idade madura, esta mulher estava curtindo a vida. Sempre parecia encontrar tempo para tudo.

O que despertou a atenção da jovem, enquanto ouvia essas histórias, foi o fato de que essa mulher mais velha era também uma Mãe Especial — uma mulher que tinha um método de educar crianças incrivelmente simples e eficaz.

A Mãe Especial de quem ela tanto ouvia falar educara três filhas com aparentemente o mínimo de esforço. Todas as três davam a impressão de terem sido crianças bem-comportadas, que tinham se transformado em adultos bem-ajustados, prósperos e felizes.

Cada uma das três filhas já adultas dessa senhora tinha seus próprios filhos. E as três estavam usando o mesmo sistema na relação com os filhos, com o mesmo sucesso.

A jovem quis saber se estas histórias podiam realmente ser verdade. E, se assim fosse, será que esta mulher desejaria compartilhar seus segredos com ela?

Procurou o número no catálogo e telefonou para a senhora.

— Ouvi dizer que você tem um sistema de se relacionar com os filhos muito interessante — disse-lhe a futura mãe. — Será que eu poderia ir até sua casa e conversar um pouco sobre isso?

— Claro! — respondeu a Mãe. — Estou muito lisonjeada. Ficarei feliz em vê-la quando quiser.

QUANDO a jovem chegou à casa da Mãe, esperava encontrar uma "avó". Em vez disso, foi recebida por uma mulher vibrante e atraente, com uma aparência muito mais jovem que o comum na sua idade. A futura mãe se perguntou: "Será que seu método de se relacionar com as filhas tem alguma coisa a ver com isso?"

Quando já estavam à vontade, tomando uma xícara de chá, a Mãe perguntou:

— Agora me diga, como posso ajudá-la?

A jovem hesitou e, em seguida, falou:

— Soube que você fez um trabalho maravilhoso na educação de suas filhas, usando uma abordagem muito especial na relação.

A Mãe respondeu com um sorriso:

— Tenho muito orgulho de minhas filhas. Elas cresceram, e todas três conseguiram se transformar em adultos felizes e competentes.

À medida que conseguia se sentir mais à vontade, a jovem abriu um caderno e perguntou:

— Você se incomoda se eu fizer algumas anotações?

A Mãe riu e disse:

— Absolutamente. Isto é, contanto que você saiba que não tenho todas as respostas e que nunca fui uma mãe perfeita. Só aprendi alguns segredos — afirmou com modéstia. — Mas eles realmente foram responsáveis por uma grande melhora em nossas vidas.

A visitante estava ansiosa para saber que segredos eram esses:

— Talvez possamos começar pela disciplina — sugeriu. — Muitos pais afirmam ser este um aspecto difícil. Como você disciplinava suas filhas?

— Eu não as disciplinava — respondeu a Mãe.

— Como? — perguntou a visitante atônita.

A Mãe sorriu e respondeu:

— Na verdade, eu não disciplinava minhas filhas. Simplesmente as ajudava a serem disciplinadas. Dessa forma — acrescentou com um leve movimento de cabeça —, é muito menos desgastante.

— Oh, então você é uma mãe permissiva — insinuou a jovem mulher.

— Não, não propriamente. Simplesmente acredito que uma boa relação entre pais e filhos não deve ser exaustiva. Acho que uma relação permissiva pode gerar filhos que não respeitam regras. E esse tipo de crianças levará qualquer pai ou mãe à exaustão.

A jovem visitante argumentou, tentando parecer o mais segura possível:

— Então você está consciente da necessidade de as crianças deverem ser bem-comportadas. Assim, sua tendência a estimular o bom comportamento é bem maior do que a de desenvolver a auto-estima.

A Mãe se inclinou ligeiramente para a frente e disse com calma:

— Tenho ouvido este tipo de conversa com muita freqüência. É como se me fizessem a velha pergunta: o que veio primeiro: o ovo ou a galinha? — o bom comportamento da criança ou sua auto-imagem positiva?

"Por mais complicada que a relação pais e filhos possa nos parecer muitas vezes", continuou ela, "a resposta básica pode ser realmente bastante simples."

A Mãe se levantou e dirigiu-se à sua escrivaninha. Apanhou alguma coisa e voltou a se sentar.

— Veja isto aqui. — E passou às mãos da visitante uma placa. — Quando minhas filhas eram pequenas, eu sempre mantinha isto à mão para ter em mente uma verdade básica a respeito da relação entre pais e filhos.

*

# *Crianças Que Gostam de Si Mesmas*

# *Gostam de Se Comportar Bem*

*

— Uma vez que você conheça esta verdade tão simples — disse a Mãe —, torna-se mais fácil lidar com seus filhos.

— Isto é realmente tão importante assim? — perguntou a visitante.

A outra mulher sorriu e respondeu:

— É a idéia mais básica subjacente ao meu relacionamento como mãe. Na verdade, pode ser a diferença entre uma família abençoada e uma família estressada.

Em seguida, deixou que a jovem descobrisse a resposta por ela mesma:

— A melhor maneira de descobrir a verdade é perguntar a você mesma: isto é compatível com as experiências pessoais da *minha* vida?

— Pense sobre a sua própria infância — encorajou-a a Mãe gentilmente. — Em seguida, pergunte-se a si mesma: quando eu me comportava melhor? Quando estava bem comigo mesma, ou quando não estava?

A jovem concordou com um movimento de cabeça, à medida que começava a compreender.

— Suponho — disse ela —, agora que estou pensando sobre o assunto, que me comportava muito melhor quando estava bem comigo mesma.

— É claro! — exclamou a Mãe encantada. — Todos nós somos assim.

A jovem se levantou e colocou a placa de volta em seu lugar na escrivaninha. Ficou ali de pé, parada, pensando profundamente.

— Então — disse ela —, ajudar as crianças a se sentirem bem consigo mesmas é a chave para se conseguir fazer com que se comportem bem. É isto que você quer dizer?

— Sim — respondeu a Mãe. — E a boa notícia é que, quando você ajuda seus filhos a gostarem de si mesmos, eles a ajudam também, se comportando melhor.

O interesse da jovem aumentou ainda mais:

— Você já me garantiu não ser uma mãe permissiva. Como, então, se descreveria como mãe? — perguntou.

— É fácil — respondeu a Mãe com um sorriso. — Sou uma Mãe-Minuto.

A surpresa se estampou no rosto da jovem mulher. Obviamente, ela nunca ouvira falar de uma Mãe-Minuto.

Cheia de incredulidade, perguntou:

— Você é o quê?

A mulher riu:

— Minhas filhas me chamam assim. É claro que sei que, para ser uma boa mãe, é necessário mais do que um minuto. Mas o mais importante é que isso me faz ter em mente as três maneiras de me comunicar com minhas filhas — e cada uma delas me toma não mais que um minuto. Essas três técnicas simples de comunicação certamente ajudaram minhas filhas a aprenderem a gostar de si mesmas — e a quererem se comportar bem.

— Parece bom demais para ser verdade! — disse a mulher grávida.

— Sei disso — sorriu a Mãe. — Senti a mesma coisa quando encontrei pela primeira vez um pai da vizinhança, há muitos anos. Chamavam-no de "Pai-Minuto". Ele foi o primeiro a me falar sobre os segredos da comunicação-minuto. Mas eu os experimentei pessoalmente e vi que funcionavam. Com a experiência, porém, descobri que a abordagem de uma mãe tinha que ser um pouco diferente da abordagem de um pai — afirmou a mulher. — Assim, eu simplesmente adaptei um pouco esses segredos, para que funcionassem melhor para mim, como mãe.

— Mas você está me dizendo que os mesmos três segredos funcionarão também para os pais, embora de uma maneira ligeiramente diferente? — quis saber a visitante.

— Exatamente — garantiu a Mãe.

— Meu marido vai ficar muito contente em saber disso — disse a jovem. — Ele também tem conversado com as pessoas e lido livros sobre o assunto para tentar descobrir como ser um bom pai.

Ela sorriu e acrescentou:

— Acho que devo lhe dizer que é nosso primeiro filho.

— Espero que você não tenha que aprender por tentativa e erro — sugeriu a Mãe —, como foi o meu caso.

"Finalmente cheguei à conclusão de que uma boa relação entre pais e filhos não tem que ser complicada. Na verdade, aprendi com minha própria experiência que uma relação realmente rica é simples, divertida e gratificante — *tanto* para os pais *como* para os filhos."

A jovem estava exultante. Isto era exatamente o que ela estava procurando! Ansiosa, perguntou:

— Quais são esses três segredos?

— Mais do que perguntando a mim — respondeu a Mãe —, talvez você possa aprender melhor se conversar com as minhas filhas, que já são adultas. Melhor do que ninguém, elas poderão lhe dizer se é bom, ou não, para as próprias crianças ter uma Mãe-Minuto.

A Mãe pediu uma folha de papel do caderno da jovem e escreveu algo:

— Aqui estão seus nomes e os números de seus telefones.

— Obrigada — agradeceu a jovem. — Eu gostaria muito de conversar com suas filhas. Posso, porém, perguntar uma coisa antes de ir? Quando você falou que eram três "segredos" você queria dizer que eram três técnicas para conduzir a relação com suas filhas, usadas sem que elas tivessem conhecimento delas?

— Não, muito pelo contrário. Chamo-as de "segredos" apenas em função do meu sarcástico senso de humor. Cada um desses três segredos da comunicação é algo que a maioria de nós já sentimos, de alguma forma. Mas, uma vez que muito poucos de nós usamos o que sabemos, você pode considerar essas três técnicas "segredos".

Os benefícios reais, naturalmente, acontecem quando, como pais, levamos em consideração nosso bom-senso e o usamos em nossos lares como uma prática comum.

''Não'', continuou a Mãe, ''eu não escondia nada de minhas filhas. Como sabe a maioria dos pais, a partir da própria experiência, as coisas funcionam melhor quando jogamos aberto com as pessoas. Evitamos um *bocado* de problemas.

''Eu dizia a minhas filhas que não queria manipulá-las. E não queria que elas me manipulassem. Acho que o que costumava dizer era: 'Não quero ser uma ditadora, nem um capacho.'

''Conversei com minhas filhas sobre os três métodos, antes de começar a usá-los. Eu os descrevi simplesmente como bom-senso.

''Em seguida, encorajei-as a usar comigo os três mesmos métodos de comunicação.

''Finalmente, aprendi a dura verdade'', acrescentou ela: ''comunicar-se com os filhos é como dirigir um carro numa rua de mão dupla: funciona melhor quando as coisas fluem livremente nas duas direções.

''Assim, por favor, lembre-se, quando estiver aprendendo os três segredos'', aconselhou a Mãe: ''eles funcionam melhor quando você também estimula as crianças a exercitarem seus direitos como pessoas — para se comunicarem com você a respeito daquilo que *elas* pensam e sentem também.''

— Obrigada — disse a visitante. — Pode estar certa de que não me esquecerei disso. — Levantou-se, trocou um aperto de mãos com sua anfitriã e foi embora.

Quando a jovem se sentou, sozinha, em seu carro, abriu o caderno e leu o nome das três filhas. Estava ansiosa para entrar em contato com cada uma delas: Patricia Gavin, Susan Saunders e Elizabeth Franklin

NAQUELA noite, a jovem foi recebida na casa de William e Patricia Gavin e seus três filhos — dois meninos, de dezesseis e doze anos, e uma menina de nove.

Quando a visita chegou, os três estavam ocupados jogando um barulhento *video game*, tendo como juiz o pai, igualmente barulhento. Feitas todas as apresentações, Will e as crianças se desculparam e deixaram as duas mulheres sozinhas para conversarem com calma.

Pat Gavin era agradável e tranqüila. Como a mãe, parecia feliz consigo mesma. Também aparentava menos idade do que a que dizia ter.

— Você conversou um bom tempo com minha mãe, não é? — disse a filha. — Ela é uma mulher e tanto, não?

— Para lhe dizer a verdade, sra. Gavin — respondeu a visitante —, não estive com ela muito tempo.

— Por favor, chame-me de Pat — interrompeu a filha. — E posso lhe dizer, com conhecimento de causa: ela é realmente uma mulher maravilhosa! Ela lhe falou a respeito de ser uma Mãe-Minuto?

— Falou. Não é verdade, é? Quer dizer, ela me deixou bem claro que ser uma boa mãe requer mais do que um minuto. Mas ela *realmente* investiu tão pouco tempo na relação com as filhas e ainda assim obteve tão grandes resultados?

— Bem, certamente gastou muito pouco tempo — confirmou a filha. — Soube que você vai se encontrar também com as minhas duas irmãs. — Sorriu e continuou: — Assim, deixarei que julgue os resultados por conta própria.

A jovem apreciou o fato de a filha não estar tentando "vender uma imagem".

— Você acha que obteve o *necessário* do tempo de sua mãe? — perguntou.

A filha pensou por um momento e, em seguida, respondeu:

— Lembro-me bem quando meu pai morreu. Éramos todas jovens, mas minha mãe ainda tinha que ir trabalhar para sustentar a família. Nenhuma de nós ficava com ela o tempo que gostaria.

Em seguida, acrescentou:

— No entanto, eu *realmente* sentia que tinha o tempo suficiente. O que eu me lembro muito bem é que o tempo que ela passava comigo fazia-me sentir muito especial.

— Pode me dar um exemplo de como ela a fazia se sentir especial? — perguntou a jovem.

— Posso. Quando eu estava aprendendo alguma coisa nova, por exemplo, ela sempre me fazia sentir que eu era capaz.

— Como fazia isso? — quis saber a jovem.

— Para começar — respondeu a filha —, ela se sentava comigo à nossa mesa da sala de jantar e fazíamos juntas o esquema do Objetivo-Minuto.

— Esquema do Objetivo-Minuto? — espantou-se a visitante. — Sua mãe me disse que era uma Mãe-Minuto, mas em nenhum momento mencionou nada sobre o Esquema do Objetivo-Minuto. O que é isso?

— É o primeiro dos três segredos da Relação-Minuto — anunciou a filha.

— Três segredos?

— É — disse ela. — O Esquema do Objetivo-Minuto é o primeiro e a base fundamental da Relação-Minuto.

"Infelizmente, os pais sabem muito pouco sobre isso. Por exemplo, quando você pergunta à maioria dos pais e filhos quais são seus objetivos e, em seguida, compara as respostas, o que você acha que descobre?"

A visitante riu e disse:

— Pat, em algumas das famílias que visitei, qualquer relação entre o que os filhos consideravam seus objetivos e o que os pais pensavam era mera coincidência.

— Claro — concordou a filha. — Os problemas surgem constantemente porque as pessoas não são claras sobre aquilo que os outros membros da família desejam.

A jovem concordou. Lembrou-se de sua própria infância. Lembrou-se de que isso acontecera freqüentemente com ela e que fora muito penoso! Então, perguntou:

— Isso sempre acontece com a sua família?

— Praticamente nunca. A Mãe-Minuto ajuda seus filhos a compreenderem quais devem ser seus objetivos. — E acrescentou: — Uma das coisas mais fantásticas de minha mãe é que ela também me ensinou *como* me tornar uma Mãe-Minuto.

Era exatamente isso que a jovem queria saber.

— E como uma mulher consegue isso? — perguntou.

— Eficientemente — explicou Pat com um sorriso.

E explicou:

— Para começar, usamos os Objetivos-Minuto. São simplesmente as coisas que gostaríamos de ver acontecendo em nossa família anotadas numa folha de papel, com menos de duzentas e cinqüenta palavras.

— Você escreve seus objetivos?

— Escrevo — respondeu a filha. — É muito importante. Pessoas que escrevem seus objetivos se conscientizam deles com mais intensidade e têm sucesso com mais freqüência do que aquelas que não o fazem.

— Entendo o que quer dizer — disse a jovem, enquanto fazia suas próprias anotações. — Mas por que seus objetivos devem ser escritos numa folha solta de papel, com menos de duzentas e cinqüenta palavras?

— Para que possamos ler e rever nossos objetivos em apenas um minuto.

— Por que isso é importante? — perguntou a visitante.

— Porque quanto mais rápido pudermos ler nossos objetivos, mais freqüentemente o faremos — explicou. — Quanto mais *freqüentemente* relemos nossos objetivos, mais cedo eles se transformam em rotina no pensamento — parte regular de nossa vida familiar.

A visitante fez a seguinte anotação: *Porque levam apenas um minuto para serem lidos, são chamados de "Objetivos-Minuto"*. Enquanto escrevia, perguntou:

— Pode me dar alguns exemplos específicos?

— Bem, há dois tipos de objetivos — objetivos "Nós" e objetivos "Eu". Os objetivos "Nós" são compartilhados por dois ou mais membros da família; os objetivos "Eu" são aqueles que devem ser atingidos por apenas um dos membros da família.

"Por exemplo, há alguns anos, estávamos tendo dificuldades para fazer com que nosso filho fosse para a cama na hora adequada. Era sempre uma confusão, com lágrimas e choramingos."

— E o que você fez?

— Meu marido, meu filho Billy e eu levamos cerca de uma hora, certa noite, discutindo o assunto. Por fim, chegamos à conclusão de que queríamos duas coisas: primeiro, para Billy e para nós era necessário que desfrutássemos uns dos outros, à noite; segundo, que nos sentíssemos bem — isto é, relaxados — na manhã seguinte. Isto se tornou nosso objetivo.

"Billy era tão pequeno", observou a mulher, "que, para que pudesse escrever seu objetivo, tivemos que ajudá-lo a desenhar um rosto feliz à noite, depois um rosto sonolento e, em seguida, um rosto feliz pela manhã. Nós o estimulávamos a olhar o desenho toda noite, depois do jantar.

"Então, concordamos em desenvolver um plano e o escrevemos. Nós o líamos para Billy durante as primeiras noites. Levava apenas um minuto: Billy teria que ir para a cama às sete e meia durante a semana. Podia deixar a luz acesa, folhear um livro ou fazer o que bem quisesse até as oito horas, desde que permanecesse na cama. Nós lhe demos um despertador e ele ficou responsável por acordar e se levantar, por conta própria, sem reclamar. Nos fins de semana, podia ficar na cama mais duas horas, a menos que tivesse que se levantar cedo na manhã seguinte. Nesse caso, tinha que se deitar no horário dos dias de semana."

— E funcionou? — perguntou a visitante.

— Normalmente funcionava — respondeu a mulher. — Ele sentiu que participava do que acontecia e que isto era justo.

— O que você fazia, Pat, quando não funcionava?

— Este é o terceiro segredo — respondeu ela com um sorriso. — Falaremos sobre isso depois.

— Tudo bem — respondeu a jovem, tentando ao máximo ser paciente. — Este era um objetivo "Nós" Pode me dar um exemplo de um objetivo "Eu"?

— Vamos perguntar a Billy. Já vai longe o tempo em que desenhávamos figuras para ele. — Pediu licença e voltou com o filho.

O filho de doze anos cumprimentou a visitante e passou-lhe sua lista de objetivos. Eram dois. 1) *Vou ser capaz de juntar dinheiro para ir na excursão de esqui da escola no dia 2 de fevereiro, trabalhando bastante para conseguir 150 dólares.* 2) *Estou tirando B no teste de matemática do dia 5 de maio, estudando bastante matemática todo dia, pelo menos durante meia hora.*

A visitante perguntou ao menino:

— Que acha da idéia de anotar seus objetivos?

— No início — respondeu ele — não gostava nem um pouco. Parecia perda de tempo. Mas, agora, gosto de fazer isso, sempre que eu realmente quero alguma coisa.

— Por que agora você gosta de fazer isso?

Ele riu e respondeu:

— Porque me ajuda a conseguir aquilo que quero!

O menino e a visitante conversaram por algum tempo. Eles gostaram um do outro. Depois, ele pediu licença e se retirou.

A visitante virou-se para a mãe do menino e falou:

— Não compreendo. Por que vocês todos escrevem seus objetivos como se já os tivessem atingido?

— Lembre-se: eu disse que objetivos são aquilo que nós queremos ver acontecer. Bem, na nossa família, desenvolvemos o hábito de "vê-los" mentalmente *antes* que aconteçam.

"Ao escrever nossos objetivos como se já os estivéssemos realizando, usamos um segredo que muitas outras pessoas de sucesso usaram em suas vidas E estamos descobrindo a mesma coisa: funciona!

"Na maioria das vezes, atingimos a maior parte de nossos objetivos."

— Deixe-me ver se compreendo — interrompeu a jovem. — Você escreve aquilo que gostaria de ver acontecer, o que está efetivamente fazendo para que aconteça e a data em que gostaria de ver seu objetivo alcançado. Em seguida, revê isto com freqüência.

— É. Já chegamos à conclusão de que quanto maior a freqüência com que escrevemos aquilo que desejamos e maior a regularidade com que revemos o que escrevemos, também maior é a freqüência com que alcançamos aquilo que desejamos. Na verdade — acrescentou ela —, para que possamos dar apoio uns aos outros, cada um de nós guarda uma cópia dos objetivos dos outros.

— Isso não é uma papelada desnecessária?

— Não, realmente não é — insistiu a mulher. — Como a Mãe-Minuto pôde me comprovar freqüentemente, à medida que eu crescia, apenas vinte por cento daquilo que qualquer um de nós faz nos dão praticamente oitenta por cento dos resultados que obtemos. Assim, na nossa família, fazemos o Esquema de Objetivo-Minuto apenas em relação aos nossos vinte por cento mais importantes. Naturalmente, se por acaso alguma coisa especial acontece, podemos estabelecer um Objetivo-Minuto especial para nós mesmos. Mas sempre numa folha de papel separada.

— Parece uma maneira muito eficaz — disse a visitante. — Acho que entendo a importância do Esquema de Objetivo-Minuto. Parece um sistema que não admite surpresas — todo mundo sabe o que é importante para os outros membros da família.

— Exatamente — concordou a mulher.

— Você acha que seus filhos saberão como fazer aquilo que eles concordaram em fazer?

— Não. Uma vez que as crianças saibam quais são suas responsabilidades para que cheguem a um comportamento adequado, cabe a nós mostrar-lhes qual é esse comportamento adequado.

— Por exemplo?

— Vamos supor que uma de suas responsabilidades seja arrumar o quarto, o que, naturalmente, inclui fazer a cama. Então, primeiro mostro como se faz a cama — devagar e com cuidado.

— Isso não toma muito tempo? — quis saber a visitante.

— Apenas no início — explicou a filha. — Mas o tempo que eu invisto no início tem um alto retorno. Quando se permite às crianças, ou mesmo a qualquer pessoa, observar a maneira correta de se fazer alguma coisa antes de fazê-la pessoalmente, e saber o padrão de eficiência que se espera dela, você está ajudando-a a evitar o fracasso.

— Você quer dizer que esse comportamento afasta a possibilidade constante de operações de "Socorro e Salvamento" durante o resto do dia?

— É verdade — confirmou a mulher. — Mas não completamente. Algumas vezes, meus filhos menores precisam ser lembrados dos acordos que fizeram.

A visitante pensou por um momento e, em seguida, argumentou:

— Você disse anteriormente que apenas vinte por cento das atividades eram suficientes para se conseguir oitenta por cento daquilo que você desejava alcançar. Como pode saber quais são os vinte por cento importantes?

A mulher se levantou e começou a andar de um lado para o outro da sala:

— Gostaria de comer ou beber alguma coisa? — perguntou à visitante.

Quando ouviu um educado: "Não, obrigada", continuou a andar vagarosamente de um lado para outro. Pat Gavin era, naquele momento, uma mulher mergulhada em seus pensamentos. Era como se já pensasse nesse mesmo ponto há algum tempo.

— Você me faz boas perguntas. Você pode estabelecer seus vinte por cento para si mesma quando aprende como I.R. — isto é, aprende a se perguntar: "O que agora é IMPORTANTE de se REALIZAR?"

"Eu costumava ter listas de 'Coisas a fazer", contou a mulher. "Essas listas me deprimiam bastante, porque parecia que eu jamais conseguiria fazer todas aquelas coisas. Agora, descobri uma maneira fácil de saber o que eu devia, então, estar fazendo. Eu *prevejo* o dia — ou a semana, o mês, o ano, seja lá o que for — perguntando a mim mesma: 'O que é mais importante?' Em seguida, eu *revejo* perguntando a mim mesma: 'Eu fiz o mais importante?'"

A visitante parecia entusiasmada com a idéia, e completou:

— Se você não conseguiu fazer as coisas importantes naquele dia, é fácil estabelecer o que precisa fazer no dia seguinte. E se você conseguiu fazer as coisas importantes, não importa que não tenha feito as outras coisas.

— Exatamente — confirmou a outra.

— E retornamos assim ao estabelecimento de Objetivos-Minuto. Na verdade, deixe-me mostrar-lhe uma placa que mantenho na minha escrivaninha para que possa lê-la todas as manhãs, antes de começar o meu dia.

*

*Reserve Um Minuto*
*Olho Para os Meus Objetivos*
*Observo Meu Comportamento*

*Verifico se Meu Comportamento*
*Está de Acordo Com os Meus*
*Objetivos*

*

A jovem devolveu a placa e perguntou:

— Quando você afirma que realmente observa seu comportamento, você observa alguma coisa concreta — como sua agenda de compromissos, por exemplo?

— É exatamente o que quero dizer.

— Mas isso é maravilhoso! Posso copiar esta idéia? — perguntou a visitante.

— Claro! — respondeu a filha. — E espero que você realmente a *coloque em prática.*

Aprendi a maior parte das coisas que sei sobre a Relação-Minuto entre pais e filhos através de outra pessoa. Mais especificamente, através de minha mãe, e estou feliz por poder compartilhá-las com você.

"Olho para meus objetivos", continuou ela, "pelo menos uma vez por dia, e estimulo meus filhos a fazerem o mesmo. Então, nas manhãs de sábado, revemos rapidamente nossos objetivos e avaliamos o progresso da família. A diferença é grande de uma semana para outra."

A jovem começou a escrever em seu caderno tão rapidamente quanto lhe era possível. Em seguida, fez uma pausa e disse:

— Se me der licença, eu gostaria de apenas alguns minutos para escrever um resumo do que aprendi sobre o Esquema de Objetivo-Minuto.

— É claro — concordou Pat Gavin. — Estarei na cozinha. Chame-me quando terminar.

Sendo uma aprendiz rápida, a jovem fez suas anotações como se ela própria já estivesse usando o Método-Minuto.

Os Objetivos-Minuto funcionam bem para a nossa família quando:

1. Temos objetivos claros como família (objetivos "Nós") e como pessoas (objetivos "Eu").

2. Batalhamos por acordos mútuos, de tal maneira que possamos todos sentir que estamos obtendo o que queremos de nossa família.

3. Cada um de nós escreve seus objetivos em 250 palavras, ou menos, numa folha solta de papel — assim, levamos apenas um minuto para relê-los.

4. Nossos objetivos são *específicos*, e mostram exatamente aquilo que cada um de nós gostaria de ver acontecer e quando. *Eu tenho... Estou fazendo... Tem acontecido de...*

5. Cada um de nós relê seus objetivos freqüentemente a fim de fazer com que se transformem em hábitos mentais — uma maneira de pensar.

6. Tiro um minuto de vez quando, com certa freqüência. Olho para os meus objetivos pessoais. Observo meu comportamento. Verifico se meu comportamento está de acordo com meus objetivos.

7. Estimulo meus filhos a fazerem a mesma coisa.

8. Uma vez por semana, temos prazer em rever nossos objetivos e avaliar, juntos, nosso progresso como família.

Logo depois que a visitante acabara de escrever seu resumo, a filha da Mãe-Minuto reapareceu.

— Você tem alguma outra pergunta?

— Só mais uma, Pat. Como fez para conseguir que seus filhos *queiram* ter objetivos?

Antes que ela pudesse responder, a filha de nove anos de Pat, Amy, entrou na sala e disse:

— Desculpe-me, mamãe, mas terminei meu dever de casa. Será que Jeanne pode vir aqui em casa agora e brincar um pouco?

Quando ela já estava se retirando com a permissão da mãe, a visitante perguntou:

— Amy, que significa um objetivo para você?

— Oh, é fácil! — respondeu a menina. Estivera estudando e encontrara respostas para perguntas bem difíceis. — Um objetivo é um sonho com um prazo final.

Enquanto observava a filha sair para brincar, a mulher disse carinhosamente:

— Esta é uma parte interessante da resposta. Meus filhos e minha filha *adoram* ter sonhos. E se você está querendo saber como isso acontece, é certo que vai querer saber também sobre o segundo segredo da Relação-Minuto.

— E qual é ele? — perguntou a jovem, olhando para o relógio.

A outra mulher sorriu:

— Sei que vai almoçar amanhã com minha irmã Susan. Deixarei que ela lhe conte.

A mulher levou a visitante até a porta.

— Obrigada pelo tempo que me dispensou — agradeceu a jovem.

— Não há de quê. Eu tenho tempo, atualmente. Como você vai provavelmente dizer, eu me tornei uma Mãe-Minuto.

A jovem partiu, esperando, ansiosa, pelo dia seguinte.

ENQUANTO a jovem mulher dirigia seu carro em direção à casa da segunda filha da Mãe-Minuto, pensava sobre a simplicidade do que ouvira na noite anterior. "Certamente faz sentido. E que maneira clara, objetiva e fácil de ajudar as crianças a tornar as coisas mais claras para elas também! Eu diria que esta maneira ajuda as crianças a aprender tanto a assumir compromissos como a ter responsabilidades."

Enquanto subia as escadas da portaria do prédio em que morava Susan Saunders, a jovem imaginava por que Susan a convidara para almoçar tão tarde. Logo, logo, descobriu. A segunda filha lhe contou que estava num programa de trabalho/estudo todas as manhãs e ainda tinha dois filhos para cuidar — um menino de onze anos e uma menina de quatro. Ela gostava de estar em casa junto com as crianças.

— É muito simpático de sua parte me convidar para almoçar e me explicar a Relação-Minuto entre pais e filhos — disse a visitante.

— É um prazer — respondeu a segunda filha. — Se mais mães usassem os três segredos tão simples da Relação-Minuto, haveria um número maior de famílias felizes, uma vizinhança mais agradável e comunidades melhores. Garanto que haveria! — Sorriu e disse: — Vou botar a mesa.

O brilho em seus olhos refletia sua felicidade pessoal. A visitante se sentiu à vontade na presença desta mãe. Tiveram um almoço muito agradável. Mais tarde, a filha comentou:

— Soube que você esteve com mamãe. Ela é uma mulher e tanto, não é?

A jovem já estava se acostumando a ouvir a Mãe-Minuto ser chamada de "uma mulher e tanto"

— Acho que é — respondeu cautelosa a futura mãe. — Do que exatamente você gostava tanto em sua mãe e na maneira pela qual ela a educou?

— Gostava de muitas coisas. Mas uma de suas maiores qualidades era fazer com que minhas irmãs e eu soubéssemos onde estávamos pisando, em relação a ela. Sabíamos, especificamente, o que era esperado de nós e tínhamos a certeza de que éramos amadas. Para uma criança, isto dá um grande sentimento de segurança.

— É verdade. Sua irmã Pat me falou dos Objetivos-Minuto.

— Bem, na verdade, eu estava pensando nos *Elogios*-Minuto — disse a mulher.

— Elogios-Minuto? — perguntou a visitante. — São o segundo segredo para se tornar uma Mãe-Minuto?

— São. Realmente, acredito que o segundo segredo da Mãe-Minuto seja a técnica *mais* poderosa de todas.

A visitante inclinou-se para a frente, na cadeira onde estava sentada, e tirou da bolsa seu caderno de anotações.

— É muito simples — começou a mulher. — Desde cedo, minha mãe me dizia que seria muito mais fácil para mim me sair bem na vida se soubesse sempre a quantas eu andava. Assim, ela me garantiu que sempre me deixaria saber, *sem meias palavras*, quando não gostasse do que eu estava fazendo e quando realmente gostasse. E nos afirmou que queria que fizéssemos o mesmo com ela. Em seguida, nos avisou que isso poderia não ser fácil para nenhuma de nós.

— Por quê? — quis saber a futura mãe.

— A Mãe-Minuto sabe que, no início, não é nada fácil, nem para os filhos nem para os pais.

— Como assim?

— Porque, como minha mãe sempre me disse, a maioria dos pais não educa seus filhos dessa maneira, e a maioria das crianças não está habituada a ser tratada assim. Mas eu me lembro dela me garantindo que este tipo de *feedback* me ajudaria muito. E dizia sempre que agir da mesma forma com ela também a ajudaria.

"Há uma outra coisa que você deve saber. Mamãe me lembrava sempre que não esperasse que ela sempre fizesse as coisas com perfeição. Algumas vezes, ela estaria cansada, ou poderia ter outras coisas mais importantes a preocupá-la. E podia ser que se esquecesse de pôr em prática o segundo segredo."

— Em outras palavras — completou a visitante —, a Mãe-Minuto é uma mulher como qualquer uma de nós. Todas nós falhamos, vez ou outra, e erramos de vez em quando.

— Naturalmente — respondeu a filha. — Mas o fato é que quando ela se lembrava de pôr em prática o segundo segredo, ele fazia maravilhas conosco.

— Será que você poderia me dizer exatamente como ele funciona?

— Claro! Logo depois que minha mãe fazia o Esquema de Objetivos-Minuto comigo, ela costumava me observar mais de perto que o habitual.

— O que ela observava? — quis saber a jovem.

— Ficava tentando me surpreender fazendo alguma coisa correta.

— Surpreender você fazendo alguma coisa *correta*? — repetia a visitante.

— É. Na verdade, temos um ditado que funciona em cada uma de nossas famílias, e diz assim:

*

*Ajudo Meus Filhos*
*a Alcançarem*
*Seu Potencial Pleno*

*Eu Os Surpreendo*
*Fazendo Alguma Coisa*
*Correta*

*

Susan Saunders continuou:

— Na maioria das famílias, os pais passam tempo demais surpreendendo seus filhos fazendo o quê?

A jovem sorriu e disse, com conhecimento de causa:

— Fazendo alguma coisa errada.

— Aqui, nós surpreendemos uns aos outros fazendo coisas corretas.

A futura mãe fez várias anotações e, em seguida, perguntou:

— E *você*, Susan, o que faz quando surpreende seus filhos fazendo alguma coisa correta?

— Faço um Elogio-Minuto — disse a mulher com evidente prazer.

— Que quer dizer isso? — quis saber a outra.

— Bem, quando vejo que um dos meus filhos fez alguma coisa que me faz sentir excepcionalmente bem, chego até ele, ponho meu braço em volta de seus ombros, olho bem nos olhos dele e falo duas coisas: primeiro, digo-lhe, especificamente, o que ele *fez*; segundo, digo-lhe exatamente como me *sinto* a respeito. Deixo que se passem alguns minutos em silêncio entre nós, para que ele possa *sentir* como estou me sentindo bem.

Foi exatamente quando as mulheres ouviram uma porta bater. A Mãe-Minuto pediu licença e chamou por seu filho:

— Jimmy, você conseguiu?

— Consegui, mamãe.

— Então traga aqui, filho. Estou doida para ver.

Não houve resposta.

Susan Saunders chamou outra vez:

— Jimmy, você está bem? Como foi na escola?

Pareceu se passar uma eternidade até que seu filho de onze anos entrasse vagarosamente na sala de estar. Ele esticou a mão e entregou à mãe o boletim. Ela o estudou cuidadosamente.

O menino começou a ficar inquieto. Sabia o que tinha ali: dois As, três Bs e um D, em História.

— James Saunders — começou ela devagar. Fez uma pausa. Olhou de novo para o boletim. Em seguida, exclamou: — Você é o máximo!

O menino sorriu.

— Olhe para isto! — disse ela com entusiasmo. — Você conseguiu dois As e três Bs no seu boletim!

Abraçou o menino e disse:

— Estou muito feliz, Jimmy. Sinto-me muito bem com o seu sucesso.

Ele lhe retribuiu com um rápido abraço para, depois, parecer um tanto embaraçado.

— Posso sair para brincar? Só um pouquinho.

A mulher sorriu e disse para o filho:

— Quem consegue um boletim praticamente cheio de As e Bs pode sair e brincar a tarde toda!

O sorriso do menino tomou conta de todo o seu rosto. Ele desapareceu atrás de um "Obrigado, mamãe" e uma batida de porta. Logo depois, reapareceu rapidamente e disse:

— Eu amo você, mamãe.

A jovem, espantada, olhava para o local onde há um minuto havia um menino, e não se conteve:

— Não compreendo. Seu filho acabou de trazer um D no boletim.

— É verdade. Trouxe mesmo.

— Mas — argumentou a visitante — você não falou nada sobre o D.

— Você reparou, não é?

A visitante não pôde conter um sorriso. Então, riu de verdade e confessou:

— É. Eu reparei.

Logo depois, a jovem se tornou séria outra vez. Estava visivelmente interessada:

— Mas você não acha que é irresponsabilidade nem sequer mencionar o D que ele tirou em História?

— Irresponsabilidade da parte de quem? — perguntou a mãe.

— Bem, de sua parte.

A mulher retrucou gentilmente:

— Eu não estou estudando História este ano.

A visitante estava atônita:

— Sei que é seu filho que está fazendo o curso, mas não é responsabilidade sua ajudá-lo a tirar boas notas?

— Não — respondeu a mulher —, é responsabilidade do meu filho. Se assumo esta responsabilidade, ele nunca o fará. — E continuou: — Você deve estar querendo pensar um pouco sobre o conceito de *responsabilidade* — o que realmente significa esta palavra. Significa habilidade de resposta, capacidade para responder.

"Um dos maiores presentes que posso dar a meus filhos é permitir que se sintam *vivos* — permitir que respondam aos apelos da vida. Ajudo cada um a ter prazer em assumir suas próprias responsabilidades."

— Como? — perguntou a jovem.

— A melhor maneira de fazer com que meus filhos assumam suas próprias responsabilidades é deixá-los descobrir como isto os faz se sentirem bem.

— E como você consegue isso? — quis saber a visitante.

— Você acabou de ver — mostrou-lhe Susan Sounders. — Meu filho acabou de assumir a responsabilidade por seus As e seus Bs. Ele está vivenciando as conseqüências de tirar boas notas. Primeiro ele se sente bem e eu me sinto bem. Vai brincar e se divertir a tarde toda. Não vai haver nenhuma tarefa ou dever de casa hoje. É um dia especial para ser comemorado.

— Então — completou a futura mãe, refletindo sobre o que acabara de ver e ouvir — seus filhos aprendem que assumir a responsabilidade é alguma coisa que eles *conseguem* fazer, em vez de ser algo que eles *têm* que fazer.

— Exatamente! Você colocou muito bem. E já que posso antecipar a sua próxima pergunta, vou logo respondê-la: e o que eu faço a respeito daquele D?

"Vou ajudar meu filho a aprender, colocando-lhe várias perguntas simples, da maneira como Sócrates costumava fazer para ensinar as crianças gregas. Vou perguntar a Jimmy o quanto ele se sentiu bem por ter tirado todos aqueles As e Bs; que nota ele gostaria de tirar em História; se ele acha que pode conseguir; qual o seu plano para chegar lá e assim por diante."

— Você vai fazer isso sábado de manhã, durante a sessão de estabelecimento dos esquemas dos objetivos familiares? — perguntou a visitante.

— Vou — confirmou a mulher. — E o que você acha que é provável que Jimmy diga? Na verdade — acrescentou —, como você acha que ele passou de uma maioria de Cs para todos esses As e Bs?

— Acho que ele está descobrindo como se sente bem quando tira notas boas. Assim, tenho a impressão de que ele vai querer se sair melhor em História — simplesmente porque ele gosta do sentimento de sucesso.

— Exatamente! — confirmou a mulher. — E essa é a força objetiva de receber um Elogio-Minuto. Na verdade, mais freqüentemente do que pensamos, a resposta anterior é: "Se vocês acham que isso é bom, gente, esperem até ver o meu próximo desempenho."

A visitante sorriu, e a mulher acrescentou:

— Quando meus filhos são surpreendidos fazendo alguma coisa correta, passam a querer fazer alguma coisa correta outra vez. Isso faz com que *eles* se sintam bem consigo mesmos. E crianças que gostam de si mesmas gostam também de se comportar bem.

— Então, em vez de se comportarem bem para *você* — observou a jovem —, eles estão se comportando bem para eles mesmos.

— É. E aí está o ponto crítico da boa relação entre pais e filhos. É claro que o pai de Jimmy e eu vamos ajudá-lo ao máximo, quando ele mesmo estabelecer seus objetivos para conseguir uma boa nota em História. Mas nosso verdadeiro segredo é ajudar cada um de nossos filhos a *querer* se sair bem. E quando eles se saem bem, deixamos que sintam o prazer do sucesso, elogiando-os por isso.

— Em vez de ignorar o bom comportamento, como muitos de nós fazemos uns com os outros — acrescentou a visitante.

— Você acaba de perceber a essência do Elogio-Minuto.

— Deixe-me apenas fazer um resumo do que aprendi — pediu a jovem, enquanto escrevia em seu caderno. Mais uma vez, fez suas anotações como se já estivesse usando o Elogio-Minuto.

Os Elogios-Minuto funcionam bem quando:

1. Aviso meus filhos, *de antemão*, que vou elogiá-los quando eles se saírem bem.
2. Surpreendo meus filhos fazendo alguma coisa *correta*.
3. Digo a meus filhos especificamente o que eles *fizeram*.
4. Digo a eles como me *sinto* bem com o que eles fizeram.
5. Paro e deixo que se passem alguns minutos em silêncio, para deixar que *eles* sintam como me sinto bem.
6. Em seguida, faço aquilo que realmente meus sentimentos exigem naquele momento: digo-lhes o quanto eu os *amo*, abraço-os ou faço as duas coisas.
7. Posteriormente, estimulo meus filhos a fazerem o mesmo comigo — me surpreenderem fazendo alguma coisa correta e me fazerem um elogio.
8. Sei que, enquanto levo apenas um minuto para elogiar meus filhos, o sentimento de auto-estima que desperto pode permanecer com eles pela *vida toda*.
9. Sei que o que estou fazendo é bom para meus filhos e para mim. Sinto-me realmente bem *comigo mesma*, como mãe.

A visitante levantou o olhar de seu caderno de anotações e disse:

— Obrigada. O valor disso tudo é inestimável. Agora, posso entender por que você afirma que o segundo segredo é tão poderoso. — E, ansiosamente, perguntou: — Qual é o terceiro segredo?

Susan sorriu com o entusiasmo de sua companheira, levantou-se da cadeira e disse:

— Por que você não pergunta a Liz, minha irmã mais velha? Sei que você vai vê-la mais tarde.

— Vou — admitiu a visitante. — Bem, muito obrigada pelo tempo que gastou comigo.

— Tudo bem. Desde que me tornei uma Mãe-Minuto, tenho tempo disponível suficiente.

A outra mulher sorriu. Já ouvira essas mesmas palavras antes, em outro lugar.

Quando saiu da casa da segunda filha da Mãe-Minuto, a jovem teve consciência do quanto gostara de Susan Saunders. "Que maneira maravilhosa de viver!", pensou. "Como é tão mais agradável surpreender as pessoas fazendo coisas *corretas*."

Tudo o que aprendera com as duas filhas da Mãe-Minuto fazia muito sentido para ela. "Mas", perguntou a si mesma, "será que os Objetivos-Minuto e os Elogios-Minuto realmente funcionam?"

Enquanto dirigia, sua curiosidade aumentava. Parou numa cabine telefônica e adiou seu compromisso com a terceira filha.

Havia algo mais importante que queria fazer primeiro. Ela queria descobrir por si mesma.

NO DIA seguinte, a jovem voltou à vizinhança da Mãe-Minuto. Caminhava pela alameda arborizada desfrutando de uma agradável manhã de sábado. A futura mãe estava impressionada com a limpeza do lugar e os cumprimentos amistosos das pessoas que passavam. O ambiente estimulou-a a levar a termo o que viera fazer ali.

Parou em frente a uma das casas e hesitou. Em seguida, encheu-se de coragem, subiu as escadas e bateu à porta. Um homem veio abrir:

— O que deseja? — perguntou ele.

— Posso conversar um pouco com você se não se incomodar? — pediu a jovem.

Ela se apresentou e começou a falar:

— Estou esperando meu primeiro filho, e estou tentando aprender um pouco mais como ser uma boa mãe. Conversei algumas vezes com a senhora que mora aqui perto, a que costumam chamar de Mãe-Minuto e com suas filhas, Patricia e Susan. Estava pensando se você podia me dizer o que quero saber.

O homem sorriu:

— Se eu puder, farei com o maior prazer. — Ele se apresentou como Steven Harrick e perguntou:

— O que gostaria de saber?

— Vou direto ao assunto: gostaria de saber se os métodos da Mãe-Minuto funcionam. Isto é, queria saber se você, ou alguém da vizinhança, pode me dizer como eram suas filhas na idade de crescimento.

— Bem, cresci junto com elas — respondeu o homem. — Conheço-as muito bem. Mas acho que não posso falar muito sobre os métodos de educação usados pela mãe delas, porque não entendo muito do assunto.

— Como eram elas, quando crianças?

— Bem... — começou ele —, elas eram muito... — hesitou e em seguida continuou: — ... muito cheias de vida. É isso aí. — Falou como se estivesse revivendo uma parte de sua infância, quase para si mesmo. — Elas eram ativas e interessadas em tantas coisas! Lembro-me de pequenas coisas, agora que volto a pensar naquele tempo. Coisas como vê-las em dias de calor procurando besouros nas moitas de grama. Havia uma grande variedade de besouros ali, e elas costumavam dizer que eles eram os sinais da vida. Lembro-me delas conversando com os velhos da vizinhança durante horas, como se estivessem realmente ouvindo o que diziam e aprendendo com eles. Lembro-me...

"Sabe, eu não pensava muito sobre isso naquela época, mas acho, agora, olhando para aquele tempo, que aquelas meninas tinham realmente alguma coisa de especial. Eram felizes de verdade. Todo mundo na vizinhança gostava delas.

— Diga-me — perguntou a jovem —, elas nunca brigavam?

— Oh!, claro que brigavam — retrucou o homem.

— Aha — disse a mulher, achando que tinha descoberto alguma coisa. — Que tipo de brigas?

— Não sei. Gostaria de saber. Mas me lembro de uma coisa.

— O quê?

— Lembro-me de que as meninas raramente brigavam pelo mesmo motivo duas vezes. — E acrescentou: — Na verdade, acho que algumas das outras mães da vizinhança ficavam tão impressionadas que acabavam por descobrir o que a Mãe-Minuto fazia. — E continuou: — Bem que eu gostaria de saber quais eram os segredos da Mãe-Minuto. Já andei pensando em ir até lá falar com ela, mas ainda não tive tempo.

"Devo admitir que qualquer tipo de ajuda seria bem-vinda para que pudesse melhorar as coisas com as crianças aqui em casa. Sabe como são as crianças de hoje..."

A mulher não disse nada. O homem continuou a falar:

— Talvez pudesse até me tornar um Pai-Minuto.

Ela sorriu:

— Estou fazendo algumas anotações. Assim, ficarei feliz se puder presenteá-lo com os três segredos quando descobrir o último deles eu mesma. Assim como ela os está dando para mim.

Agradeceu ao homem por ter lhe dado atenção e conversado com ela. Não conseguia compreender *como* ou *por que* a Relação-Minuto funcionava. Mas estava começando a suspeitar de que, fosse lá o que fosse, esse sistema de relação aparentemente simples devia ser de fato eficaz.

Naquela noite, teve um sono inquieto. Estava agitada por causa do dia seguinte — ia conhecer o terceiro segredo para se tornar uma Mãe-Minuto.

NA MANHÃ seguinte, a jovem foi recebida pela filha mais velha da Mãe-Minuto, Elizabeth Franklin, uma mãe divorciada de um filho adolescente, uma mulher que trabalhava o dia todo fora de casa.

Depois que as duas mulheres haviam tomado o café da manhã de domingo, Elizabeth — que preferia que a chamassem de Liz — falou:

— Soube que esteve com mamãe. É uma mulher e tanto, hein?

A outra já não se surpreendia ao ouvir esta afirmação. Concordou. Liz continuou:

— Soube que quer conhecer mais sobre a Relação-Minuto. O que gostaria de saber?

— Bem — começou a jovem —, ontem falei com um homem que mora em sua antiga vizinhança. Ele me contou que conheceu você, Sue e Pat quando eram meninas. Disse que você e suas irmãs eram como a maioria das crianças — brigavam de vez em quando —, mas, ao mesmo tempo, eram diferentes porque raramente brigavam pelo mesmo motivo duas vezes. Estava imaginando, Liz, se isto era conseqüência de alguma maneira de sua mãe proceder... alguma coisa sobre o modo como ela educou você e suas irmãs.

A mulher riu:

— Pode acreditar que sim.

— Pode se lembrar bem do assunto e me falar sobre ele?

— Claro! Não é o tipo de coisa que se esquece com facilidade.

E começou a explicar:

— Sempre que eu não mantinha o compromisso assumido comigo mesma ou com a família, minha mãe me chamava a atenção para o fato e relia meus objetivos comigo — para ficar claro que eu compreendera o compromisso assumido. Então, quando estava certa de que o compreendera, ela me fazia uma Repreensão-Minuto.

— Uma o quê? — perguntou a jovem com surpresa. — Uma *Repreensão*-Minuto? — repetiu. — É este o terceiro segredo da Relação-Minuto?

— Acertou! Na verdade, acho que é o terceiro segredo para melhorar a comunicação entre *quaisquer* duas pessoas: pai e filho, gerente e empregado, professor e aluno — até mesmo marido e mulher.

— Por que você pensa assim? — perguntou a jovem.

— Porque é uma maneira eficaz de lidar com situações desagradáveis entre duas pessoas antes que as coisas se deteriorem e estraguem as possibilidades de manter a relação ativa e rica.

— Como funciona? — quis saber a visitante.

— É simples — respondeu a mulher.

A outra riu e disse:

— Já imaginava que fosse me responder assim.

Elizabeth Franklin sorriu e explicou:

— Primeiro, minha mãe me fez saber, de antemão, que ia me deixar saber quando eu estivesse fazendo alguma coisa que ela não pudesse aceitar. Garantiu-me que o retorno que isso me daria ajudaria a me tornar uma vencedora, uma pessoa independente. Na verdade, costumava dizer: "O *feedback* é o café da manhã dos campeões." Assim, sempre que eu fazia alguma coisa que a desagradava, mamãe era rápida na resposta.

— O que ela fazia? — perguntou a visitante.

— Tão logo tomava conhecimento do meu comportamento, dava um jeito de falar comigo. Chamava-me para um canto particular da casa. Então, olhava direto nos meus olhos e dizia exatamente o que eu *fizera*. Depois, me dizia, de maneira direta, como se sentia a respeito — zangada, frustrada, aborrecida, triste, desapontada ou lá o que fosse que estivesse sentindo. Ela me dizia direto no rosto: "*Estou aborrecida! Aborrecida!*"

"Depois que me falava, num tom bastante emocional, exatamente aquilo que estava sentindo, deixava ir fundo o que dissera, ficando alguns minutos em silêncio profundo. E amiga, como ia fundo!"

— E quanto tempo durava isso? — perguntou a jovem.

— Durava apenas trinta segundos, mas havia vezes em que parecia durar uma eternidade. Era uma experiência muito intensa, emocional, perturbadora e desagradável!

A jovem se mexeu na borda da cadeira em que estava sentada e perguntou:

— E o que acontecia depois?

— Depois, ela respirava profundamente para relaxar. Então, pousava a mão no meu ombro, para que eu soubesse que, mesmo assim, estava do meu lado. Quando voltava a falar, era num tom de voz mais doce. Fazia-me ter consciência de que meu comportamento não era aceitável. Mas que *eu* era. Ela se certificava de que eu sabia que a razão pela qual estava tão transtornada com meu comportamento era porque tinha certeza de que eu era muito melhor do que aquilo. E fazia questão de me lembrar que eu tinha muito valor e que era uma pessoa que valia a pena.

"Então, me dava um grande abraço e dizia: 'Eu amo você, querida!'"

A visitante observou:

— Isso devia fazer você pensar duas veses — sobre seu *comportamento* e sobre *você mesma*.

— Claro que fazia! — confirmou a filha.

A outra mulher estava fazendo anotações, agora o mais depressa que lhe era possível. Sentiu que, logo depois, Liz chegaria a vários pontos muito importantes.

— As Repreensões-Minuto de minha mãe me causavam profunda impressão pela maneira como eram feitas. Primeiro, ela me fazia *logo* saber que eu fizera alguma coisa errada. Segundo, porque ela me dizia *exatamente* o que eu fizera de errado, eu sabia que ela estava por cima — não poderia fugir com desculpas. Terceiro, uma vez que não *me* agredia como pessoa, só atacava o meu comportamento, era mais fácil para mim não me colocar na defensiva. Não tentava justificar meu erro, botando a culpa em outra pessoa. Sabia que ela estava sendo justa. E quarto, sabia que ela se importava comigo e queria que eu me sentisse realmente bem comigo mesma.

A filha riu e continuou:

— Naturalmente, isso é o que penso agora. Mas eu me lembro de que, quando era criança e mamãe começou a usar as Repreensões-Minuto, lutei um bocado contra elas. Na verdade, fiz tudo o que estava a meu alcance para fazê-la parar de usá-las para me disciplinar. Tampava os ouvidos com as mãos, saía andando e tentava deixá-la falando sozinha, ou ria e fazia de conta que não ligava.

"Mamãe, simplesmente, tirava minhas mãos dos ouvidos, me seguia corredor afora, ou fazia qualquer coisa que fosse necessário. Mas sempre levava suas Repreensões até o fim.

"É evidente que eu tentava interrompê-la no meio da Repreensão para lhe dizer todas as grandes razões que me levaram a fazer o que fizera."

— Em outras palavras — sugeriu a visitante —, você ficava na defensiva. Então, que fazia sua mãe?

— Primeiro, enquanto mamãe deixava claro que eu não ia conseguir falar com ela durante a Repreensão, também me fazia saber que eu poderia voltar, mais tarde, e discutir qualquer coisa com ela. Mas, naquele momento, ela queria que eu a ouvisse. E sempre me dizia: "*A melhor maneira de fazer com que alguém a ouça é ouvi-lo também.*" No entanto, quando tinha tempo para pensar sobre tudo isso, freqüentemente eu percebia que ela fora justa e, assim, não voltava para discutir mais o assunto. Apenas me ajudava saber que eu podia conversar com ela mais tarde, se quisesse.

"Talvez o mais importante é que parei de ficar na defensiva quando descobri que ela atacava apenas o meu comportamento, e não a minha dignidade. Descobri que não precisava defender o meu comportamento — porque nunca tive que defender a minha dignidade pessoal.

"Aí está por que sempre que repreendo meu próprio filho — explicou Liz Franklin — procuro ter a certeza de que não estou destruindo sua crença *em si mesmo*."

A visitante levantou os olhos para a mulher e confessou:

— Acho que estou começando a compreender. O resultado da Repreensão-Minuto é que você se sente mal com o seu comportamento, sem deixar de se sentir bem consigo mesma. E quanto melhor você se sentir consigo, melhor se torna seu comportamento.

— É. É uma boa maneira de se resumir a coisa — concordou a filha.

— Você pode me dar um exemplo específico de uma Repreensão-Minuto? — pediu a jovem.

— É claro — concordou a outra. — Eu vinha tendo problemas com meu filho de dezessete anos, David, que estava muito ressentido com meu divórcio do pai dele. Eu, também, não me encontrava na minha melhor forma emocional. E não estava usando os três segredos da Relação-Minuto. Ele pegou o carro, chegou em casa altas horas da noite e me respondeu mal quando tentei conversar com ele sobre o assunto.

A visitante franziu as sobrancelhas e perguntou:

— O que você fez?

— Comecei a usar as Repreensões-Minuto todas as vezes em que ele chegava em casa tarde com o carro.

— O que dizia para ele?

— Dirigia-me a meu filho e falava coisas assim: "David, você está me desobedecendo. Está pegando o carro sem me pedir. É exatamente uma e meia da manhã! Você volta para casa na hora que bem entende. Responde mal quando falo com você sobre o assunto. Seu comportamento é inaceitável! Absolutamente inaceitável!" Em seguida, deixava claro o que vinha sentindo há tanto tempo — com bastante emoção e *sem meias palavras*. Dizia: "Estou perdendo o sono. Sabe que me preocupo com o carro. Me preocupo com você. Fico muito *ressentida* com o seu comportamento! Estou *transtornada*! Estou *zangada*! Estou muito zangada!" Chegava o meu rosto zangado perto do dele e deixava que se passassem alguns minutos em silêncio, para que ele pudesse *sentir* o que eu estava sentindo.

"Então, eu respirava fundo para me recompor e baixava o meu tom de voz. Tocava meu filho, para que soubesse que me importava com ele, e dizia: 'Você é bom demais para ter esse tipo de comportamento, David. Sei que você está magoado com o divórcio. Isto é humano. Sei que você é realmente um bom menino. Admiro você, David, de muitas maneiras. Eu amo você, meu filho.'

"Aí, então, eu o abraçava, para ele saber que a repreensão terminara."

— E o que aconteceu? — perguntou a jovem.

— A princípio, ele nem parava para me ouvir. Esquivava-se, ou saía andando para o quarto. Algumas vezes, me interrompia, ou fazia de conta que não estava me ouvindo — falou a mãe.

— E o que você fazia?

— Continuava com a Repreensão. Quando terminava, eu ia para a cama. Fiz isso todas as noites.

— Sem nenhum resultado?

— Dentro de algumas semanas, ele começou a me pedir para usar o carro e a chegar em casa mais cedo.

— Você está falando sério?

— Absolutamente sério. Para falar a verdade, acho que foi assim que consegui resultados tão bons. Era uma situação séria. Quando comecei a levá-la a sério e expressei a minha raiva claramente, consegui resultados. Lembre-se, porém — acrescentou —, eu ataquei o comportamento de David, não a sua pessoa.

A jovem assentiu com a cabeça.

— Que maneira de mudar um comportamento! Mas — quis saber ainda — todo esse processo dura apenas um minuto?

— Normalmente, sim — confirmou a filha. — E quando termina, termina. A Repreensão-Minuto não dura muito, mas posso lhe garantir que você não a esquece! E você não vai querer cometer o mesmo erro outra vez.

— Fico pensando — continuou a visitante — se a Mãe-Minuto não comete erros nunca.

A filha sorriu e disse:

— Claro que comete! Isto é uma das coisas que a tornam tão querida pelos filhos.

— Você pode me dar um exemplo?

— Bem — falou a filha —, algumas vezes, mamãe se esquecia de fazer a última parte da Repreensão — a parte em que ela nos lembrava de que éramos realmente bons e valíamos a pena.

— Acho que isso é fácil de acontecer, especialmente quando se está mesmo aborrecida com o comportamento dos filhos.

— É. De qualquer forma, sempre que se esquecia, cada um de nós lhe lembrava, mais tarde, que gostaríamos de ter ouvido a última parte — a parte boa.

— E o que ela fazia? — perguntou a visitante.

— Ria e se desculpava, dizendo que estava tão preocupada em chamar a atenção sobre o nosso comportamento que se esquecera de nos elogiar. Aí, então, realmente exagerava nas palavras, para nos dizer o quanto nos *amava*, como nos *admirava* como pessoas, da maneira como éramos, e como éramos tão melhores que o nosso comportamento recente, como éramos *maravilhosas*, como se *orgulhava* de nós, como isso, como aquilo... Até que, finalmente, dizíamos: "OK, mãe, tudo bem. Chega, chega..."

A jovem riu alto:

— Adorei! Parece que faz parte das regras da Mãe-Minuto manter o senso de humor.

— É como mamãe costumava dizer: "A melhor forma de uma mãe manter a sanidade é manter o senso de humor."

Foi exatamente quando ela ouviu o barulho de risos e brincadeiras do lado de fora.

— É meu filho David, com seus amigos — disse Liz.

— Você se incomoda se eu falar com ele?

— De maneira nenhuma. Agora, nós temos uma comunicação aberta e honesta nesta família, outra vez. — E acrescentou: — Uma família é um grupo de pessoas irracionalmente comprometidas umas com as outras. David e eu formamos um grupo de apenas dois, mas somos uma família de novo. — Elizabeth Franklin estava feliz.

Ao sair, a visitante agradeceu:

— Muito obrigada pelo que me ensinou hoje.

Já do lado de fora, dirigiu-se a David.

O rapaz pediu licença aos amigos para conversar com ela. A moça perguntou então sobre o incidente do carro. Ele sugeriu que dessem um passeio. Enquanto caminhavam, explicou:

— Toda vez que eu chegava em casa tarde com o carro, minha mãe começava com a mesma conversa de sempre. Ela me fazia saber o quanto estava zangada comigo. Isto é, ela realmente subia pelas paredes! Aquilo era desagradável demais. Mas eu achava que podia dar a volta por cima. — Em seguida, acrescentou: — Embora, devo admitir, não fosse fácil ignorar o que ela dizia.

"Então, ela parava e me abraçava e me dizia o quanto me achava legal. O que me pegava de verdade era quando dizia o quanto me respeitava! Ela me admirava! Me amava! Cara, aquilo era demais para mim. Eu me sentia realmente mal com o que estava fazendo. Lembro-me de uma vez em que comecei a..." O rapaz parou subitamente de falar.

Depois de uma longa pausa, continuou:

— Acho que fiquei contente vendo a mamãe finalmente ali, em pé, na minha frente, dizendo como se sentia. Descobri que ela não gostava do que eu estava *fazendo*, mas que gostava de *mim*.

"Sei que muitos outros pais deixam que seus filhos façam o que bem entendem. Mas, para lhe dizer a verdade, acho que isso não os faz se sentirem muito bem."

— Você quer dizer que acha que, quando é assim, os filhos sentem como se os pais não se importassem com eles, ou não os amassem?

— É — confirmou o rapaz. — Todos nós sabemos quando erramos. E sabemos, muitas vezes, que as outras pessoas sabem também. Quando ignoram o fato, nos sentimos ignorados — como se não contássemos para eles.

"Na verdade," continuou David, "aprendi que conversar assim com as pessoas funciona muito bem. Agora, quando estou zangado ou frustrado com o que mamãe está fazendo, ela deixa que eu me expresse com clareza, de maneira direta. E pensa sobre o que digo a ela — porque sabe o quanto eu gosto dela. É uma rua de mão dupla."

Enquanto caminhava, a jovem mulher pensava sobre o que David lhe dissera. Mais tarde, agradeceu por ele ter conversado com ela e se dirigiu para o carro.

Sentada atrás do volante, refletiu sobre tudo o que aprendera. Antes de partir, tirou o caderno da bolsa e fez um resumo de tudo o que sabia até agora sobre Repreensões-Minuto. Escreveu como se ela mesma já fosse uma mãe que estivesse usando o método com sucesso.

A Repreensão-Minuto funciona bem quando:

1. Digo a meus filhos que os farei saber quando seu comportamento não é aceitável para mim; peço a eles para fazerem o mesmo comigo.

*Primeira Metade da Repreensão*

2. Repreendo meus filhos o mais *cedo* possível.
3. Digo a meus filhos *especialmente* o que é inaceitável para mim.
4. Digo a meus filhos, com palavras diretas, como me *sinto* a respeito do que eles fizeram.
5. Fico em silêncio por alguns segundos — para permitir que eles *sintam* o meu desagrado.

*Segunda Metade da Repreensão*

6. *Toco* meus filhos de uma forma que lhes permita saber que estou ao lado deles.
7. Deixo claro a meus filhos que sei que cada um deles é uma pessoa de valor e digna de ser amada.
8. Simplesmente digo a meus filhos que, embora eu não tenha gostado de seu comportamento recente, *gosto deles de verdade.*
9. Faço meus filhos compreenderem que a Repreensão chegou ao fim, abraçando-os e lhes dizendo: "Eu amo vocês!" Meus filhos e eu sabemos que quando a repreensão acabou... acabou!
10. Considero que, enquanto leva apenas um minuto para eu repreender meus filhos com amor, os benefícios podem durar uma *vida inteira.*

Naquela tarde, o marido da jovem deu uma olhada em suas anotações. Ele poderia não ter acreditado na eficiência da Repreensão-Minuto se sua mulher não tivesse visto os resultados pessoalmente. No entanto, não tinha dúvidas sobre o assunto. Ela sabia que funcionava!

A jovem disse ao marido que sabia que todo mundo cometia erros de vez em quando, inclusive ela. Mas sabia que, se alguma vez recebesse uma Repreensão-Minuto, seria justo, porque seria um comentário sobre o seu *comportamento*, e não sobre o seu *valor* como pessoa.

Ela pensou o quanto nós — adultos e crianças — gostamos de ser bem tratados como pessoas.

Quando, mais tarde, dirigia o carro rumo à agradável casa da Mãe-Minuto, continuou pensando sobre a simplicidade do método da Repreensão-Minuto.

Todos os três segredos faziam sentido — Objetivos-Minuto, Elogios-Minuto e Repreensões-Minuto.

A jovem pôde facilmente entender como a comunicação feita dessa forma poderia reduzir o estresse na família.

"Mas *por que* esses três segredos funcionam?", pensava ela, sem achar uma resposta. "Por que a Mãe-Minuto tem tanto sucesso com seus filhos?"

QUANDO a jovem chegou à casa da Mãe, era quase noite. O sol estava se pondo e as luzes das ruas já estavam acesas.

À medida que examinava a casa, percebia coisas que não vira na primeira visita: o gramado da frente bem aparado e o *hall* de entrada belamente decorado. Tomou consciência de pequenos detalhes. Do lado de dentro, a casa da mulher reluzia — não com lâmpadas brancas comuns, mas com suaves e agradáveis lâmpadas rosa, da cor da aurora, que ela vira apenas uma vez, na casa de um decorador. A Mãe-Minuto prestara atenção nas muitas pequenas coisas que faziam a vida mais agradável.

Sua anfitriã saudou-a com um sorriso caloroso e uma pergunta imediata:

— Bem, o que descobriu durante a sua expedição?

— Um monte de coisas!

— Conte-me o que você aprendeu — disse a mulher com ansiedade.

— Descobri por que as pessoas a chamam de Mãe-Minuto. Você estabelecia Objetivos-Minuto junto com suas filhas, para ter a certeza de que elas sabiam o que todas vocês queriam ver acontecer. Mostrava a elas o que era um bom desempenho. Em seguida, tentava flagrar suas filhas fazendo alguma coisa correta, para que pudesse lhes fazer um Elogio-Minuto. Depois, finalmente, se tivessem a compreensão e a habilidade para ir além e, mesmo assim, fizessem alguma coisa que lhe fosse claramente inaceitável, você lhes fazia uma Repreensão-Minuto.

— O que acha disso tudo? — perguntou a Mãe-Minuto.

— Para começar — disse a jovem —, estou espantada por ver como tudo pode ser tão simples. E mesmo assim funciona — obtêm-se resultados maravilhosos. Estou convencida de que, para *você*, funcionou com certeza.

— E funcionará para você também, se tiver vontade para *fazer com que assim aconteça* — insistiu a Mãe.

— Talvez — disse a jovem —, mas eu me sentiria mais capaz de fazer as coisas funcionarem se pudesse compreender mais sobre as razões *por que* esse método funciona.

— Isso é verdade para todo mundo. Quanto mais compreendemos alguma coisa, mais aptos nos tornamos para *usá-la*. Ficarei, portanto, muito feliz de lhe falar tudo o que sei. Por onde gostaria que começasse?

— Bem, reparei que, quando visitei cada uma de suas filhas, elas pareciam felizes e cheias de energia. A Relação-Minuto funciona porque consome tão pouco tempo e energia? Quero dizer... por exemplo, foi preciso apenas um minuto realmente para você fazer todas as coisas que precisava fazer como mãe?

— Não, claro que não. É apenas uma maneira de dizer que, para ser uma mãe, ou pai, eficiente, não precisamos consumir tanto tempo quanto se imagina. Pode-se levar mais de um minuto para se lidar com alguns problemas — é apenas um termo simbólico. Mas leva apenas um minuto para se lidar com muitas situações.

"A verdadeira razão pela qual eu e minhas filhas — e qualquer mulher que decida ser uma Mãe-Minuto — temos mais energia é que não lidamos com nossos filhos da maneira como o faz a maioria das mulheres. Muitas mães ficam exaustas porque usam o método da relação 'dona-de-casa'."

— O quê?

— A maioria das mães ainda assume a maior parte da responsabilidade de manter uma casa arrumada — façam isso elas mesmas ou supervisionem alguém para fazê-lo. Elas mantêm a casa arrumada para se manterem exatamente no lugar de onde nunca conseguem sair — uma casa arrumada. Experimentam o sentimento frustrante e enlouquecedor de que nunca conseguem realmente dar um passo à frente. E, para tornar as coisas ainda mais cansativas — continuou a Mãe —, muitas mulheres agem desta maneira com seus filhos.

"Quando seus filhos são bem-comportados... ou", acrescentou a Mãe com um sorriso, "quando estão quietos fora de sua vista, o que faz a maioria das mães?"

— Nada — observou a jovem.

— Exatamente — disse a Mãe-Minuto. — Usando o ineficaz método da relação dona-de-casa para educar seus filhos, essas mães não vêem nenhuma *necessidade* de intervir nessas horas. Como se a boa relação implicasse basicamente a solução de problemas, ou a ação de "manter os filhos na linha". Para estas mulheres, ser mãe de uma criança bem-comportada é como arrumar a casa quando a casa já está arrumada.

— O que você *faria* com uma criança bem-comportada? — perguntou a jovem.

— Pense sobre o que viu e ouviu nos últimos dias — sugeriu a Mãe. — Quanto tempo da relação minhas filhas gastaram lidando com problemas de comportamento de seus filhos?

— Bem, na verdade não foi muito — disse a jovem. — Elas passam a maior parte do tempo estabelecendo objetivos com seus filhos e, depois, flagrando-os fazendo coisas corretas.

— Correto! Correto! — disse a Mãe-Minuto. E acrescentou, com um largo sorriso: — Desculpe-me o trocadilho.

A visitante não percebeu a graça.

— Para falar a verdade — admitiu —, enquanto visitava suas filhas e aprendia como ser uma Mãe-Minuto, fiquei pensando se eu estava vivendo um conto de fadas. Isto é, tudo parecia tão positivo e tão fácil... Nunca vi nada parecido antes.

A Mãe-Minuto concordou com um movimento de cabeça:

— Isso é porque a maioria das mulheres não sabe como pode ser fácil. Sempre ouviram falar que ser mãe é uma responsabilidade confusa, difícil e complicada. Educam seus filhos da maneira como vêem outras educarem. Tentam lhes ensinar no momento em que estão se comportando mal — exatamente quando as crianças não estão se sentindo bem consigo mesmas. É quando as crianças — ou qualquer um de nós — estão na defensiva e opondo resistência. A hora de ensinar uma criança, porém, é quando ela está bem-comportada.

A visitante confessou:

— Acho que sei do que está falando. Talvez eu pudesse entender melhor, no entanto, se pudesse lhe fazer algumas das minhas perguntas de "por quê". Acho que podemos começar com o Esquema de Objetivos-Minuto. Por que funciona tão bem?

— VOCÊ quer saber por que os Objetivos-Minuto funcionam tão bem — disse a Mãe. — Vejamos. Há várias razões. Deixe-me fazer algumas analogias que podem ajudar.

A mulher se dirigiu para a janela e convidou a visitante a ir até ali e olhar para o jardim lá fora.

— O que aconteceria se as bolas de golfe fossem da cor da grama? — perguntou.

A jovem sorriu diante da idéia. Pensou por um momento e respondeu:

— Provavelmente não seria muito divertido jogar golfe.

— Por que não? — perguntou a Mãe.

— Porque você passaria tempo demais tentando achar as bolas em algum ponto do gramado. A bola se confundiria com a grama, e seria muito difícil vê-la. E é difícil encontrar o que não se pode ver.

— O quê? — perguntou a Mãe-Minuto com um sorriso.

A outra sorriu também, sabendo perfeitamente que a Mãe a estava levando a descobrir as coisas por si mesma. Ela repetiu devagar:

— ...É difícil encontrar... o que não se pode ver...

— Imagine, apenas por um momento — sugeriu a Mãe —, que você seja uma jogadora de golfe. Está jogando com uma mulher que habitualmente joga tão bem quanto você. É uma partida muito importante. Você está usando bolas de golfe exatamente da cor da grama em que está jogando. À outra pessoa, porém, é permitido usar bolas bonitas, novas e brancas.

A jovem riu e brincou:

— Acho que não vou gostar nem um pouco desse jogo.

— Por que não?

— Porque uma de nós tem uma vantagem injusta. Não acho que possa me sair bem. Na verdade, vou ter um péssimo desempenho.

— Você *vai* ter um péssimo desempenho — confirmou a Mãe —, especialmente quando se comparar à outra pessoa, que pode facilmente ver o que está procurando. Ela, por outro lado, vai se divertir bastante.

— Então — começou a jovem —, você está querendo me dizer que o mesmo se aplica também para as crianças. É mais fácil e mais divertido quando elas podem ver aquilo que estão tentando alcançar.

— Exatamente! Todo mundo gosta de se sair bem... causar uma boa impressão. Olhar para seus objetivos durante um minuto diariamente ajuda a *atingir* esses objetivos.

A Mãe foi até sua escrivaninha. Apontou para um ditado que colocara acima de seu local de trabalho.

— Olhe só — disse. — Pessoas mais inteligentes do que eu consideraram isto "O Maior Segredo do Mundo".

*

## *Nós Nos Tornamos Aquilo Que Pensamos*

*

— Este "segredo" é conhecido há muito tempo, por algumas poucas pessoas. Algumas das pessoas mais inteligentes através dos tempos têm discordado a respeito de muitas coisas. Mas todos os grandes filósofos concordam neste ponto: nós realmente nos tornamos aquilo que pensamos.

"Os cientistas modernos chamam esse fato de 'visualização' — ver alguma coisa em sua mente, de maneira verdadeiramente real, antes que aconteça de fato. Isso soa, para alguns, de uma forma um tanto mística. Mas é exatamente uma boa ferramenta prática para o sucesso. Como afirmei, algumas pessoas aprenderam há muito tempo. Shakespeare disse: 'Todas as coisas estão prontas se nossas mentes já estiverem prontas.'"

— Então — concluiu a jovem —, Objetivos-Minuto são apenas uma maneira fácil de ajudar as crianças a visualizarem aquilo que elas gostariam de se tornar.

— Sim. E ajudam mais pessoas, além de somente as crianças. Uma das razões por que ajudam os adultos e jovens é que eles eliminam uma das maiores barreiras.

— Que é...?

— O flagelo dos tempos modernos — a ansiedade — explicou a Mãe-Minuto. — Filhos e pais são ansiosos hoje em dia. Não estão muito seguros daquilo que podem esperar... de si mesmos e dos outros.

"Como você já deve ter vivenciado pessoalmente, quanto maior a ansiedade em sua vida, mais pobre é o desempenho."

— Pode me dar um exemplo de como e por que a ansiedade atrapalha o bom desempenho? — pediu a visitante.

— Imagine — começou a Mãe-Minuto — que você queira que lhe peçam para atravessar uma prancha de madeira de cinco centímetros de espessura, quinze centímetros de largura e nove metros de comprimento. A prancha está apoiada no chão. No final da prancha, tem uma nota de cem dólares. Só depende de você caminhar até a outra extremidade e pegar a nota. Acha que pode fazer isso por cem dólares?

— Lógico. É fácil.

— Muito bem. Agora vamos ver se você gostaria de fazer a mesma coisa com apenas uma modificação. A prancha está estirada entre dois arranha-céus, um ao lado do outro, ambos com cinqüenta andares. Não há vento. Outra nota de cem dólares está na outra extremidade da prancha. Você vai querer atravessar a prancha e pegar a nota?

A visitante sorriu enquanto, olhando para o alto, sacudia a cabeça negativamente de um lado para o outro:

— De maneira nenhuma!

— E se fossem quinhentos dólares?

— Não faria nem por mil dólares.

— Por que não?

— Porque teria medo de cair — admitiu a jovem. — Mesmo se tentasse, ficaria petrificada no meio do caminho. Meu medo de cair me atrapalharia. Seria simplesmente impossível.

— Exatamente. O medo imobiliza as pessoas! E uma das formas de medo mais fragilizantes é a ansiedade. Ansiedade é simplesmente o medo do desconhecido. Os Objetivos-Minuto funcionam porque diminuem a ansiedade. Eles liberam as crianças para atuarem melhor — concluiu a Mãe-Minuto.

— E por que e como isso funciona? Pode me dar um exemplo prático?

A Mãe-Minuto sorriu e falou:

— Você quer realmente entender por que a Relação-Minuto funciona tão bem, não é?

— É. Realmente, eu quero muito.

— Tudo bem. Um exemplo clássico aconteceu em Londres, durante a Segunda Guerra Mundial. As pessoas tinham muito medo das bombas, que caíam regularmente sobre a cidade. Então, à medida que a guerra se tornava menos acirrada, as bombas começaram a diminuir. Finalmente, pararam de ser lançadas. Mas as pessoas continuaram a olhar para o céu. Não tinham certeza se as bombas poderiam ou não recomeçar a cair.

— Parece algumas casas que visitei — comentou a visitante. — As crianças nunca sabiam quando ia cair a próxima bomba.

— Muito bem colocado! Agora, se você pudesse verificar e estudar os registros de saúde mental dos ingleses naquela época — acrescentou a Mãe —, quando acha que as pessoas estavam mais estressadas e freqüentavam mais os consultórios dos psiquiatras e psicólogos? Quando as bombas estavam caindo? Ou quando pararam de cair?

— Não sei.

— Os profissionais ingleses de saúde — afirmou a mulher — encontraram mais pessoas desequilibradas *depois* da guerra. Quando, é claro, a ameaça real já terminara. As pessoas conseguiam lidar bem com seus medos reais. Mas eram incapazes de lidar com a ansiedade. O desconhecido traz insegurança.

— E o desconhecido — interpôs a outra — tem o mesmo efeito de insegurança sobre as crianças.

A Mãe-Minuto esboçou um leve sorriso e bateu palmas, em aprovação:

— Você acertou em cheio!

A Mãe-Minuto se inclinou para a frente e serviu uma nova xícara de café para cada uma. O outro ficara frio no calor da conversa.

— Você sabe ouvir muito bem — a Mãe-Minuto continuou a falar — e *raciocina* da mesma maneira. Me faz muito bem contar a alguém como você tudo o que sei. Sinto que o meu tempo está sendo bem utilizado. Sinto que você provavelmente vai *usar* o que está aprendendo. Estou muito contente!

A Mãe esticou a mão e tocou o braço da visitante, num gesto de aprovação e solidariedade.

A jovem ficou radiante com aquela manifestação. Em seguida, falou:

— Sei que acaba de me fazer um Elogio-Minuto. E eu realmente gostei de recebê-lo. Mas o que mais me surpreende é que, mesmo assim, me faz sentir muito bem. Sei o que você está fazendo e mesmo assim é maravilhoso!

— Sabe por que se sente bem? — perguntou a Mãe. — Porque você *sentiu* que era um elogio sincero. E sincero porque você sabe que *foi* realmente apreciada.

A visitante começou a falar, mas a Mãe-Minuto antecipou sua pergunta:

— Deixe-me ver... Você quer saber *por que* os elogios são tão eficazes.

— Você tirou as palavras da minha boca. Exatamente: por que os Elogios-Minuto *são* tão eficazes?

— Os Elogios-Minuto funcionam — explicou a Mãe — porque são muito *naturais*.

— Naturais?

— Sim. Olhe, por exemplo, para os dois acontecimentos mais naturais na vida de uma criança: aprender a andar e aprender a falar. O que fazem os pais quando uma criança está começando a andar?

A visitante pensou por um momento e respondeu:

— Bem, colocam a criança de pé, seguram suas mãos e dão alguns passos com ela, de vez em quando.

— E o que dizem para elas?

— A cada passinho, fazem exclamações do tipo "Como ela anda bem!".

— Então, o que acontece um belo dia, quando o bebê se levanta de um impulso do chão e se segura na borda da mesa do café?

A visitante sorriu:

— Os pais literalmente param tudo o que estão fazendo para se rejubilarem com o grande acontecimento.

— Que fazem eles, mais precisamente? — insistiu a mãe.

— Dirigem-se à criança, abraçam-na muito, dão-lhe um monte de beijos e dizem coisas do tipo: "Olhe só! Veja como está de pé! E sozinha! Não é um amor?" ou "Que garotinha formidável!"

— Exatamente — concordou a Mãe. — Agora pense por um minuto. Isto não lhe soa familiar?

A jovem fez uma pausa e em seguida respondeu:

— Parece um Elogio-Minuto.

— É um Elogio-Minuto. E é o que os pais fazem normalmente com seus filhos quando eles ainda são pequenos.

— Agora avance alguns passos à frente — continuou a Mãe, se divertindo com o jogo. — O que fazem os pais em seguida — depois que as crianças aprenderam a ficar de pé?

— Esticam as mãos para elas e as encorajam a dar alguns passinhos sozinhas em sua direção. E, naturalmente, observam de perto, para que elas não caiam.

— Preste atenção por um momento — sugeriu a Mãe. — Os pais conduzem a criança, através de pequenos passos, na direção do objetivo eventual de andar. A cada pequena conquista, no decorrer do caminho, qual a sua atitude?

— Elogiam o bebê entusiasticamente.

— Exatamente! É a maneira natural de ajudar as crianças a aprenderem a gostar de si mesmas — a terem uma auto-estima elevada.

A visitante compreendeu. Disse calmamente, como se estivesse falando para si mesma:

— A criança aprende e os pais se sentem felizes.

— Sim. Os elogios funcionam — completou a Mãe — porque as crianças aprendem *mais depressa* e os pais se sentem *mais felizes*. A mesma coisa se aplica quando o bebê aprende a falar. Vamos fazer de conta que você quisesse que seu filho pedisse água quando estivesse com sede. Sei que você não tem filho ainda, mas o que aconteceria se você esperasse até ele conseguir estruturar a frase completa: "Mamãe, por favor, poderia me dar um copo d'água?"

— Acho que acabaria tendo um filho desidratado.

A Mãe riu e concordou:

— Acho que está certa. E se você esperasse apenas que ele dissesse a palavra "água" perfeitamente, antes que você lhe desse de beber?

— Acho que teria o mesmo problema.

— Certo. Então, o que teria que fazer?

A jovem observou:

— Acho que não teria que esperar até que ele pudesse dizer a palavra toda com perfeição.

— É isso mesmo! Vamos fazer de conta que ele se dirige a você quando estiver com sede e diga apenas a última parte da palavra: "buá, buá". Lembre-se — preveniu a Mãe —, é a *primeira* palavra que ele diz na vida.

A jovem retrucou:

— Acho que eu provavelmente ficaria muito excitada. Daria um grande abraço nele e lhe diria que era um bebê maravilhoso. Na verdade, para falar com franqueza, pegaria imediatamente o telefone e ligaria para a avó. Meu filho, provavelmente, estaria logo logo dizendo "buá, buá" por toda a América.

A Mãe riu e disse:

— Nesse caso, você é uma pessoa normal. E o bom de tudo isso é que seu filho aprenderia mais depressa — porque você não esperou até que o fizesse com perfeição. Cheia de entusiasmo, você o flagrou fazendo alguma coisa *quase* correta. Na verdade, você fez uma coisa muito importante. Não esperou até saber a maneira absolutamente perfeita de desempenhar seu papel de mãe. Foi em frente e fez o que sentia ser o correto para você. Este é um ponto crítico para ser uma mãe ou um pai de sucesso.

"Há um pensamento que tenho sempre presente comigo toda vez que fico imaginando se, pessoalmente, posso desempenhar bem alguma função."

— Como assim? — quis saber a jovem.

— É exatamente isto...

*

*É Mais Importante Para Mim*
*Começar Imediatamente*
*a Fazer as Coisas Corretas*

*Do Que Esperar*
*Até Que Eu Ache Que Possa*
*Fazê-las Corretamente*

*

— Na verdade — continuou a Mãe —, quanto mais freqüentemente você elogia seu filho por fazer alguma coisa correta — mesmo que não seja perfeita —, mais rapidamente ele começa a desenvolver a auto-estima. Todos nós precisamos ser honestamente admirados, mesmo que aquilo que estamos fazendo nem sempre pareça ser um grande fato aos olhos do mundo.

"Agora, naturalmente, você não deseja que seu filho adolescente entre num restaurante e peça um copo de 'buá'."

A visitante sorriu diante da idéia de um fato de tanto mau gosto.

— Assim, eventualmente você estimula seu filho, passo a passo, a se aperfeiçoar. E cada vez que ele demonstra um desempenho melhor, você tem vontade de elogiá-lo. E logo ele estará falando corretamente. Aliás deixe-me cumprimentá-la, agora que estou pensando no assunto — disse a Mãe — pelo fato de abraçar seu filho. Você falou que a primeira coisa que faria, quando ele dissesse a primeira palavra, seria abraçá-lo e elogiá-lo. Isto é o máximo!

— É tão importante assim... a parte física? — perguntou a visitante. — Isto é, e se eu tiver um filho adolescente, enorme, que se sinta pouco à vontade sendo abraçado pela mãe? Até que ponto é importante o contato físico como parte do Elogio-Minuto?

— O contato físico é *muito* importante! — protestou a Mãe. — Na verdade, há um estudo interessante, feito há muito tempo, que mostra de maneira drástica o valor do contato físico.

"Um imperador do século XV queria descobrir como as pessoas começavam a falar. Ficava imaginando se elas falariam se nunca tivessem ouvido uma palavra em suas vidas. Assim, mandou que separassem os filhos de seus pais e os dividissem em dois grupos. O primeiro grupo de crianças foi educado da maneira mais normal possível; o segundo, de maneira completamente diferente. As enfermeiras apareciam ocasionalmente no berçário, como se fossem robôs, para limpar e alimentar as crianças. Suas visitas eram muito rápidas. Não diziam nada e saíam. As crianças nunca eram tocadas, nem com propósitos práticos. Elas ficaram ali, mês após mês, completamente sozinhas."

A jovem franziu as sobrancelhas e disse:

— Parece mais uma experiência cruel do que um estudo científico válido. Certamente, eu não quereria ser um daqueles bebês ignorados.

— Você está certa. *Era* cruel. E o que acha que aconteceu com aquelas crianças?

— Bem, para início de conversa — respondeu a futura mãe —, não acho que tenham aprendido a falar muito bem. E, mais ainda, não acredito que tenham crescido e se transformado em adultos felizes.

— Por que não? — perguntou a Mãe.

— Porque acho que as crianças precisam ser seguradas e acariciadas. Precisam ouvir a voz de alguém conversando com elas, embalando-as e... em resumo, precisam sentir que são importantes para alguém.

Em seguida, a visitante perguntou:

— O que *realmente* aconteceu com aquelas crianças?

— Ao fim de um ano, estavam todas mortas.

A jovem ficou chocada. Arregalou os olhos por um momento. Depois, engoliu em seco e perguntou:

— O que disse?

— Receio — disse gentilmente — que você tenha ouvido exatamente o que eu disse. O primeiro grupo de crianças teve a taxa normal de sobrevivência. Mas o segundo grupo, mesmo tendo as necessidades básicas preenchidas — como alimentação, calor e vestuário —, morreu *todo* no período de um ano.

— Meu Deus! — exclamou a outra mulher. — Isso é desumano! — Ela pensou por um momento e perguntou: — De que morreram as crianças?

— Os médicos e os cientistas comportamentais de hoje observaram resultados semelhantes — explicou a mulher — em crianças que, por uma razão ou outra, foram abandonadas. A partir de observações de crianças — doentes ou sadias —, eles acreditam que os bebês não conseguem desabrochar, a menos que sejam ''ligados''.

— Não compreendo — admitiu a futura mãe.

— Bem, nenhum de nós compreende isso tão bem quanto gostaria — afirmou a Mãe —, mas essa ''ligação'' é, basicamente, um vínculo emocional que ocorre entre uma criança que é totalmente dependente de alguém para sobreviver e um adulto que seja importante o suficiente para alimentá-lo, até o ponto em que ela possa seguir por conta própria.

"Aparentemente, as crianças precisam ser amadas para crescer — física e emocionalmente. Se as crianças recebem muito pouco amor, não conseguem *desabrochar* — física ou emocionalmente. Se não recebem amor, não conseguem *sobreviver*."

— Eu não fazia a menor idéia de que o contato físico fosse tão importante — admitiu a jovem.

— O contato físico é, provavelmente, a mais honesta de todas as formas de comunicação — afirmou a Mãe —, e se é honesta, é poderosa. Muitos estudos já demonstraram o poder do contato físico. Em um deles — continuou a Mãe —, os cientistas comportamentais deixaram, intencionalmente, uma ficha numa cabine telefônica. Quando cada uma das pessoas saía da cabine, alguém se aproximava e perguntava se achara a ficha. As pessoas eram abordadas de duas formas. Perguntava-se: "Desculpe-me. Você achou minha ficha?", mas algumas pessoas eram levemente tocadas enquanto a pergunta estava sendo feita; outras, não.

— Houve diferença nas respostas? — perguntou a visitante.

— Houve. Do grupo que não era tocado, menos de cinqüenta por cento das pessoas admitiam que tinham encontrado a ficha. Daquelas que eram tocadas, mais de noventa por cento devolveram a ficha — e com um sorriso!

— É incrível! — espantou-se a jovem. — Parece que as pessoas ficam mais efusivas quando são tocadas — e querem fazer mais pelos outros. Talvez seja por isso que usamos expressões do tipo ''Fiquei *tocada* com a atitude dela''.

— É possível. Mas lembre-se — aconselhou a Mãe —, quanto mais honesta você for, melhor isso funciona. Também é interessante observar — destacou ainda — que tão importante quanto o toque físico é que você possa também tocar os seus filhos com os olhos — simplesmente prestando atenção a eles. É bem mais importante do que pensa a maioria dos pais. Eu ainda faço questão de me lembrar disso, fazendo algo muito simples e muito importante...

*

*Tiro Um Minuto*
*do Meu Dia*
*de Vez Em Quando*
*e Com Freqüência*

*Para Olhar Bem*
*Nos Rostos*
*dos Meus Filhos*

*

— As crianças — continuou a Mãe — têm uma grande necessidade de serem reconhecidas. E uma das coisas emocionalmente mais nutritivas que uma mãe pode fazer é "observar" e elogiar.

"Espera-se, naturalmente, das mães, que sejam educadoras", continuou a Mãe-Minuto "e eu tive prazer em educar meus filhos. Mas há algo mais, que é também muito importante. Eu sempre quis que minhas filhas se lembrassem de que eu também precisava ser emocionalmente alimentada. Assim, pedia a elas que nunca se esquecessem de que, quando houvesse um sentimento honesto, me fizessem elogios... me abraçassem. E que me dissessem que apreciavam o que eu estava fazendo.

"Eu as deixava saber que, realmente, me sentia melhor", acrescentou a Mãe, "sempre que uma delas se chegava a mim e me abraçava e dizia: *Você é incrível, mamãe. Eu amo você!*"

— E elas faziam isso? — perguntou a futura mãe.

— Faziam. Na verdade, ainda fazem até hoje! Sabe o que eu costumava fazer para lembrar isto às minhas filhas?

— O quê? — perguntou a visitante.

— Botava um sinal no alto da geladeira.

— É mesmo? — falou a jovem com um sorriso. — E o que dizia o sinal?

A Mãe escreveu alguma coisa num papel e deulhe para ler.

*

*Mãe*
*Também*
*É*
*Gente*

*

— Adorei! — disse a jovem. — É algo de que vou me lembrar para sempre. Se os elogios ajudam as crianças a se sentirem melhor consigo mesmas, então por que não usar o mesmo método, tão sábio, para ajudar os pais a se sentirem melhor também? Eles certamente merecem! E também dar às crianças uma oportunidade de *fazer* elogios, e não apenas recebê-los.

— E as crianças aprendem — completou a Mãe-Minuto — que o melhor de tudo é que isso dá grandes resultados. Quando os pais são surpreendidos fazendo alguma coisa correta, eles também querem continuar agindo assim. Posso afirmar isso por experiência própria!

— É espantoso — disse a jovem. — Agora que tenho oportunidade de ouvir sobre tudo o que acabei de aprender, e pensar sobre o assunto, posso compreender muito melhor por que os Elogios-Minuto funcionam tão bem, tanto para os pais como para os filhos. — Fez uma longa pausa, sorriu e, em seguida, falou: — Repreensões-Minuto — por quê?

A Mãe tornou a sorrir amistosamente e respondeu:

— Estava perguntando a mim mesma quando você tocaria nesse ponto.

— HÁ DUAS RAZÕES básicas pelas quais as Repreensões-Minuto funcionam tão bem — explicou a Mãe-Minuto. — *Reduzem o estresse e aumentam o sucesso*

— Não compreendo — disse a visitante. — Pensei que as repreensões fossem usadas em situações estressantes. Por que elas *reduzem* o estresse? Pensei que elas o aumentassem.

— Vou lhe falar sobre minha propaganda preferida da televisão.

A visitante sorriu. Sabia que estava prestes a aprender algo novo.

— É um anúncio de óleo para motores. Um homem segura uma lata de óleo de boa qualidade e sugere que eu o compre. Garante que vale a pena o investimento de alguns dólares a mais. Ele me promete um carro com mais potência e assegura que terei muito menos problemas. Você faz alguma idéia de quão *desinteressada* eu estou em óleo para motores?

A visitante riu e respondeu:

— Sei o que quer dizer. O que quero é entrar no carro e sair dirigindo — sem nenhum problema.

— Todo mundo! — concordou a Mãe. — Na verdade, o que quero é ignorar totalmente a idéia de ter que cuidar do meu carro. A única coisa que quero é um carro que ande bem. E é aí que esse anúncio me toca.

— O que acontece?

— O homem fica em *close*, bem em frente à câmera, e fala de maneira bem calma: "Você pode me pagar agora... ou..." Em seguida, corta para uma cena de um motor sendo lentamente retirado de um carro por um grande guindaste, ou algo parecido, e ele continua: "...ou pode me pagar depois!"

A Mãe-Minuto riu e disse:

— Isso também é verdade para muitas coisas na vida. Podemos pagar um preço baixo agora. Ou um preço alto depois. A Repreensão-Minuto funciona porque lhe ajuda a pagar um preço baixo agora — enfrentando de frente, imediatamente, um comportamento inaceitável — e evita o pagamento de um preço alto mais tarde — como o tipo de problemas sérios que muitas famílias têm que enfrentar.

— E, naturalmente, quando aparece o grande problema — observou a jovem —, não é problema apenas da criança; afeta a família inteira.

— Isso é a pura verdade. Vamos continuar com o exemplo do carro e do óleo — sugeriu a Mãe. — O uso normal de um carro causa envelhecimento e desgaste nas peças do motor. O óleo lubrifica as peças e permite que deslizem melhor umas sobre as outras — reduzindo assim o desgaste normal. Quando, porém, não tomamos conhecimento do óleo, aumentamos o desgaste da máquina, e eventualmente, as peças podem se quebrar. O mesmo acontece com nossos filhos: o decorrer normal das vidas inclui o envelhecimento da relação e o desgaste pelos erros. E aí há problemas Faz parte da vida. "*Quando ignoramos os problemas, eles se tornam mais graves!*" Os problemas não são o problema. É a maneira como lidamos com eles. E disso é que eu gosto no uso das Repreensões-Minuto. São um modo atraente de lidar com situações pouco atraentes.

— De que maneira algo como uma Repreensão pode ser atraente? — perguntou a visitante.

— Antes de responder — falou a Mãe-Minuto —, deixe-me lhe fazer uma pergunta: Qual o maior medo de uma criança?

— Não sei — respondeu a futura mãe.

— Pense sobre você mesma quando era criança. Qual era o seu?

A jovem pensou por um momento, e então falou:

— Posso me lembrar de quando era muito pequena. Costumava achar que eu era anormal ou qualquer coisa assim porque tinha medo de que meus pais me abandonassem — num supermercado ou em qualquer outro lugar — e eu não pudesse achar o caminho de volta para casa. Quando eles saíam à noite e eu ficava com uma *baby-sitter*, me preocupava se voltariam para casa ou não. Sei que parece estranho, mas ainda posso me lembrar do que sentia então.

— E você morria de medo, não é?

— Realmente, ficava apavorada. É claro que mamãe e papai eram formidáveis. Nunca me abandonaram. Mas, mesmo assim, eu me preocupava muito com isso.

— Você é absolutamente normal. *Abandono* é, de fato, o maior medo de toda criança! E aí está por que as Repreensões-Minuto funcionarão tão bem com seus filhos. Apesar do fato de terem se comportado mal, às vezes muito mal mesmo, *eles* não são rejeitados — nem abandonados. A *chave* para o sucesso de uma mãe com a Repreensão-Minuto é que ela distingue, na criança, o seu comportamento da sua dignidade. O filho repreendido sente que seu *comportamento* recente não é aceitável, mas *ele* sempre é.

— Isso é o máximo! — falou a jovem. — Assim a criança se sente segura.

— Exatamente — confirmou a outra. — Por isso a segunda parte da Repreensão é tão importante.

— A parte em que se lembra a criança que ela é uma pessoa de qualidade e que você realmente a ama?

— Essa é a parte crítica de qualquer boa Repreensão.

— Por que é tão importante? — quis saber a futura mãe. — E se a mãe apenas disser a seu filho, "sem meias palavras", o quanto está aborrecida com o seu comportamento — e nada mais?

— Isto é exatamente o que a maioria das mães faz. E normalmente não funciona — como você mesma deve ter observado. Apenas torna as crianças mais defensivas e ressentidas. A diferença parece pequena, mas essa pequena diferença faz uma *grande* diferença.

A visitante sorriu e disse:

— Como as duas mulheres na cabine telefônica.

Dessa vez, foi a Mãe quem perguntou:

— O quê?

— Uma mulher tem nove *pennies*..

A Mãe sorriu e completou:

— ...e a outra mulher tem um *dime*!*

A visitante concordou com um movimento de cabeça e repetiu as palavras da Mãe-Minuto:

— E essa pequena diferença faz uma grande diferença!

— É um exemplo maravilhoso.

— Assim — resumiu a jovem —, você quer dizer que a diferença entre sucesso e fracasso está no fato de seu filho, ao ser repreendido, se sentir, ou não, bem *com ele mesmo* — apesar de estar se sentindo mal por receber uma repreensão pelo mau comportamento.

---

*Um *dime* vale dez *pennies*. A palavra *dime* significa também ficha de telefone. Daí o jogo de palavras que transforma a situação numa piada. (*N. da T.*)

— Absolutamente certo! — respondeu a Mãe. — E você percebe por que isso é tão importante?

— Não tenho muita certeza — confessou a jovem.

— O que acontece quando você espreme uma laranja? — perguntou a outra. — O que você obtém?

— Suco de laranja — respondeu a visitante. E pensou: "Lá vamos nós outra vez." Adorava a maneira pela qual a Mãe extraía dela aquilo que ela já sabia, mas de que não estava ainda consciente. Fazia-a se sentir bem.

— Exatamente — confirmou a Mãe-Minuto. — Será que você poderia obter suco de limão?

— Não, lógico que não. Não de uma laranja.

— E se esprem êssemos com mais força?

A visitante riu e arriscou:

— Seria perda de tempo. Já sabemos o que vai sair dali.

— Pense no que acabou de dizer — sugeriu a mulher. — Sabemos, sempre que pressionamos alguma coisa, que aquilo que obtemos é o que já está lá dentro. Quando a pressão é feita sobre uma criança, especialmente uma grande pressão, o que sai — o comportamento do filho — é o que já está lá dentro — sua auto-estima. Nossa função como pais é simplesmente formar crianças que *acreditem* em si mesmas.

"Aquelas que realmente acreditam em si gostam de si mesmas. E é aí que o trabalho fica bem mais fácil.

"Como você já ouviu várias vezes desde que começou a descobrir os três segredos da Relação-Minuto, as crianças que gostam de si mesmas gostam de se comportar bem. Tornam-se adultos felizes e produtivos. É uma alegria tê-las como filhos." Em seguida, acrescentou: "Naturalmente que você não é a mais importante dos pais."

Espantada, a jovem protestou:

— Espero que não vá me dizer que é o pai.

A Mãe soltou uma boa gargalhada:

— Não! Um é tão importante quanto o outro. Na verdade, uma das melhores coisas sobre a Relação-Minuto é que ela funciona tanto se for usada pelos dois quanto por apenas um dos pais.

"Pai ou mãe, o mais importante, entretanto, para seus filhos", explicou a mulher, "não é você, nem o pai, mas a 'relação interna' que se desenvolve em cada criança. A relação interna da criança a acompanhará a todos os lugares, estará sempre com ela e a ajudará em todas as decisões. O que você quer não é disciplina para seu filho, mas *auto*disciplina. Quando ele está aprendendo pela primeira vez, a disciplina que você lhe mostra é um bom modelo para ser copiado. Mas é apenas o primeiro passo no caminho para a descoberta de algo muito mais importante — um inestimável senso de disciplina *pessoal*."

*

*O Que Importa Como Mãe*
*Não É Tanto*
*O Que Acontece*
*Quando Você Está Presente*

*É O Que Acontece*
*Quando Você* NÃO *Está Presente*

*

— O senso de justiça de minhas filhas se desenvolve melhor quando elas sabem a quantas anda o seu desempenho.

— Funciona nas duas direções? — perguntou a jovem. — Quer dizer, suas filhas chegavam a lhe dizer como se sentiam em relação às coisas que você fazia?

— Sempre! — respondeu a Mãe-Minuto. — E isso é importante. Se as crianças enterram sua raiva ou frustração quanto a alguma coisa, acabam por extrapolar esse sentimento para todo o seu universo e se transformam num problema para todos à sua volta. Elas ficam amuadas pelos cantos, não ouvem o que as pessoas lhes dizem, agem com ressentimento. — Sorriu e completou: — Você acaba achando que elas são os maiores mártires. Algumas vezes, eu estava tão ocupada com outras coisas que deixava passar despercebido algo realmente importante para as crianças. Para elas, era como se eu não ligasse. Quando, porém, elas punham as cartas na mesa francamente, acabávamos descobrindo que todas nós estávamos mesmo era com um problema de comunicação, e não um problema de desinteresse.

— Posso deduzir — afirmou a jovem — que o problema não durava muito mais tempo.

— Não, não durava. Enquanto eu deixava bem claro que esperava que minhas filhas me respeitassem, elas também podiam botar para fora qualquer tipo de sentimento que estivessem guardando — desde que não me agredissem como pessoa. Quando elas *me* respeitavam, eu ouvia o que tinham a dizer.

— Então, você realmente ouvia suas filhas.

— Ouvia. E gostava que me ouvissem. A melhor maneira de fazer com que seus filhos a ouçam é...

— Ouvindo-os também — completou a jovem.

A Mãe sorriu e disse:

— Albert Schweitzer colocou isso de maneira melhor.

*

*As Crianças Aprendem*
*De Três Maneiras*

*Pelo Exemplo*
*Pelo Exemplo*
*E...*

*

— Pelo exemplo — completou a jovem.

— É isso aí! E um dos melhores exemplos que posso dar é que é seguro para nós ficarmos zangadas. As crianças percebem que os sentimentos, mesmo os negativos, podem ser expressos com segurança — se forem expressos *logo*, enquanto não adquirem proporções maiores.

A visitante acrescentou:

— Eu diria que expressar os sentimentos também ajuda as mães estressadas a evitarem o pesadelo de ofender as crianças. Ou seja, um dos maiores motivos das mães surpreendentemente agredirem seus filhos — física e emocionalmente — é que elas deixam as coisas se acumular dentro delas até um ponto em que não podem mais suportar, e aí, inesperadamente, acabam por explodir.

— Este é um ponto muito importante. E usar uma disciplina não-violenta como a Repreensão-Minuto leva a duas coisas: permite que você libere seus sentimentos e eduque seu filho.

— Ao mesmo tempo — observou a visitante. — E o que é incrível é que a Mãe-Minuto não precisa se sentir *culpada*. Não tem que se preocupar com o fato de seus filhos estarem crescendo com um mau sentimento a respeito de si mesmos. Ela fica livre da culpa normal que a maioria das mães acaba por ter. Ela sabe que alimentou a *auto-estima* de seus filhos. E isso acabará por conduzi-los a uma vida de sucesso — independentemente de seus pais.

"Talvez você ache isto interessante", continuou a jovem apontando para o seu caderno de anotações. "É uma placa que eu criei para me lembrar como estabelecer *objetivos* — os Objetivos-Minuto — e liberar as *conseqüências* — os Elogios e as Repreensões afetam o comportamento "

*

*Objetivos*
*Geram*
*Comportamentos*

*Conseqüências*
*Reforçam*
*Comportamentos*

*

— É muito boa! — exclamou a Mãe.

— Acha mesmo? — perguntou a jovem, querendo ouvir o elogio mais uma vez.

A Mãe percebeu:

— Não quero ser grosseira com você, mas não tenho tempo para ficar me repetindo.

Exatamente quando a futura mãe pensou que seria elogiada, sentiu que estava prestes a levar uma suave Repreensão-Minuto, algo que queria evitar.

A jovem era inteligente. Endureceu a expressão e simplesmente se fez de desentendida:

— O quê?

As duas se entreolharam por um momento, e depois caíram na gargalhada.

— Gosto de você — falou a Mãe-Minuto. — Tem um bom senso de humor. Quer aprender a fazer o certo para você mesma e para seus filhos, mas não se leva muito a sério. Diga-me uma coisa: quando vai nascer seu bebê?

— Dentro de três meses.

— Você vai ser uma boa mãe — afirmou a Mãe-Minuto. — Seus filhos serão crianças de sorte!

Quando elas se despediram, deram-se um longo abraço de admiração e respeito mútuos. Separaramse, cada uma desejando o melhor para a outra.

Nos vários anos que se seguiram, a jovem usou o que agora sabia. E, é claro, se saiu muito bem.

Porque, afinal, aconteceu o inevitável.

ELA se tornou uma Mãe-Minuto.

Ela se tornou uma Mãe-Minuto não por aquilo que sabia, mas por aquilo que *fazia*.

Encorajava o Estabelecimento de Objetivos-Minuto.

Fazia Elogios-Minuto.

Aplicava Repreensões-Minuto.

Sabia, naturalmente, que era necessário mais de um minuto, de vez em quando, para ser uma boa mãe. Logo aprendeu, porém, que, usando essas três maneiras de se comunicar com seus filhos, tornava melhor cada minuto que passava com eles.

Ela abraçava seus filhos, falava a verdade simples, expressava seus sentimentos com clareza e ria com freqüência.

E, talvez o mais importante de tudo, encorajava cada um de seus filhos a usar com ela os mesmos três métodos de comunicação.

Chegou até a criar o resumo de um "Jogo" da Relação-Minuto. Deu uma cópia para cada um de seus filhos — a fim de lembrar a eles que, ao mesmo tempo em que a vida era uma aventura sem preço a ser valorizada e respeitada, era, também, um jogo a ser curtido.

# "PLANO DE JOGO" DA MÃE-MINUTO

*Ensino Meus Filhos a Gostarem de Si Mesmos*
*e a Gostarem de Se Comportar Bem*
*e Me Divirto Nesse Processo*

- Estabeleço objetivos e elogio ou repreendo comportamentos.
- Falo simplesmente a verdade e expresso meus sentimentos com clareza.
- Abraço meus filhos e rio com freqüência.

ESTIMULO MEUS FILHOS A AGIREM DA MESMA MANEIRA COMIGO

INÍCIO

Estabeleco Novos Objetivos

Explico os Objetivos

**OBJETIVOS-MINUTO**

Um objetivo é um sonho com um prazo limite
(numa folha de papel, para se ler em um minuto)

Objetivos Atingidos
(ou qualquer parte dos objetivos)

VOCÊ GANHA!

Vá para

**ELOGIOS-MINUTO**

- Elogio o bom comportamento.
- Digo a meus filhos que *agiram* da maneira correta.
- Expresso exatamente como me *sinto*
- Faço uma pausa e deixo ir fundo
- Toco meus filhos e
- Digo-lhes que os amo.

CONTINUE COM SUCESSO

Objetivos Não-atingidos

VOCÊ PERDE!

Volte para os objetivos
Em seguida, vá para

**REPREENSÕES-MINUTO**

- Repreendo o mau comportamento.
- Digo a meus filhos que agiram errado.
- Expresso exatamente como me *sinto*.
- Faço uma pausa e deixo ir fundo.
- Toco meu filhos.
- Lembro-lhes que são melhores que aquilo; que *são* pessoas boas; que seu *comportamento* é que foi condenável.
- Abraço meus filhos e lembro-lhes de quanto eu os amo.
- Quando acabou, acabou!

RETORNE AO INÍCIO

MUITOS anos mais tarde, aquela que um dia fora uma jovem mulher olhou para trás no tempo, quando ouvira falar pela primeira vez a respeito dos princípios da Relação-Minuto. Estava feliz por ter anotado o que aprendera com a Mãe-Minuto.

Transformara suas anotações num pequeno livro e distribuíra exemplares para muitas pessoas.

Lembrava-se de Mr. Herrick, o homem da antiga vizinhança da Mãe, lhe telefonando:

— Não tenho palavras suficientes para lhe agradecer. Estou *usando* eu mesmo os três segredos da Relação-Minuto. E houve um grande *progresso* na minha família! Acho que gostaria de saber que tive oportunidade de vivenciar várias situações que são específicas de *pais*. Os princípios são os mesmos, mas acabei descobrindo que há algumas diferenças para os homens.

— Isso é muito interessante! — disse ela. — Agora que você tocou no assunto, lembro-me da Mãe-Minuto original me dizendo que aprendera muito com um senhor da vizinhança — alguém que costumava chamar de Pai-Minuto. Você iria gostar de conversar com ele sobre a diferença entre como pais e mães educam seus filhos. Deve ser uma grande ajuda para você.

Ele garantiu que seguiria o conselho. Em seguida, agradeceu de novo e desligou o telefone.

Ela estava feliz que outros pais estivessem usando a Relação-Minuto também.

À medida que voltava a memória para o passado, ela sorria. Lembrava-se de quanto aprendera com a Mãe-Minuto original, e era-lhe muito grata.

A nova mãe estava também feliz por poder dar um passo além. Distribuindo cópias para a família, amigos e vizinhos, resolvera vários problemas práticos.

Quase todos que a conheciam sabiam abertamente o que ela estava fazendo e por quê.

Podiam também ver *por que* as técnicas aparentemente simples da Relação-Minuto — Objetivos, Elogios e Repreensões — funcionavam tão bem.

Todo mundo que tinha uma cópia do texto podia lê-la e relê-la no seu próprio ritmo, até poder compreendê-la e colocá-la em uso. A mãe conhecia muito bem a vantagem prática da repetição na aprendizagem de qualquer coisa nova.

Compartilhar o conhecimento desta forma simples e honesta tinha-lhe, naturalmente, economizado um bom tempo. E, certamente, tornara a vida mais fácil.

Muitos outros, na família e na vizinhança, tinham se tornado Pais-Minuto. E, por sua vez, fizeram o mesmo por outras pessoas.

A família se tornara mais feliz, e a vizinhança, um local mais agradável de se viver.

Quando se sentava em casa, a nova Mãe-Minuto sentia que ser humano privilegiado ela era. Dera-se o presente de obter maiores resultados em menos tempo.

Tinha tempo de pensar e planejar — dar à sua família o tipo de ajuda de que ela precisava.

Tinha tempo para praticar exercícios e continuar cheia de vitalidade.

Sabia que não tinha experimentado o estresse físico e emocional diário a que as outras mães se sujeitavam.

E sabia que muitas das outras pessoas que a conheciam desfrutavam dos mesmos benefícios.

Ela tinha, naturalmente, compartilhado os três segredos com o marido, que começara também a usá-los. Eles gostavam de se dar apoio nos esforços mútuos para educar os filhos.

Na verdade, usavam seu conhecimento para conduzir sua própria relação. E isso ajudara bastante.

Seus filhos aprenderam a gostar de si mesmos e gostavam de se comportar bem.

Tinham evitado os problemas que tantas outras famílias conheciam — um sentimento de frustração e fracasso cada vez maior. Fizeram mais do que evitar a dor comum. Eles conheciam o conforto de um lar feliz.

Então, a mãe saiu e caminhou pelo quintal. Estava mergulhada em seus pensamentos.

Sentia-se bem consigo mesma — como pessoa e como mãe.

Estava contente por ter começado a usar novas maneiras de se comunicar — mesmo que, a princípio, parecesse que não estava sendo ela mesma. Lembrava-se de que, quando começara suas primeiras incursões no jogo de tênis, também não se sentia como ela mesma. Mas, com a prática, as novas habilidades se tornaram parte natural dela mesma.

Agora, dando à sua família importância suficiente para modificar seu próprio comportamento, o retorno fora maravilhoso. Tinha o amor e o afeto de cada membro da família.

Sabia que se tornara uma mãe eficiente porque seus filhos aprenderam a gostar de si mesmos e a se comportar bem — e ela tinha se divertido.

De repente, ouviu a voz de um de seus filhos, já adultos, que a estava visitando. Chamava-a através da janela aberta:

— Desculpe-me interrompê-la, mamãe. Mas há um rapaz ao telefone. Quer saber se pode vir até aqui conversar com você e com papai sobre a maneira pela qual educaram seus filhos.

A nova Mãe-Minuto estava contente. Sabia que, cada vez mais, um número maior de homens se interessava pelas vidas de suas famílias. E que alguns deles eram tão espertos quanto ela o fora, para aprenderem sobre uma relação de fato eficiente.

A família da mãe era feliz e produtiva. Eles se curtiam. Da mesma forma que todos aqueles que os conheciam. Era bom estar na posição dela.

— Venha quando quiser — ouviu sua própria voz dizer ao homem do outro lado da linha.

E, logo depois, ela e o marido estavam falando com um homem jovem e inteligente.

— Estamos contentes por compartilhar com você nossos segredos de relacionamento — afirmou a nova Mãe-Minuto, enquanto convidava o visitante a se sentar. — Queremos apenas lhe fazer um pedido.

— Qual é? — perguntou o homem.

— Que você, simplesmente...

*

*Compartilhe Com os Outros Também*

*

# Agradecimentos

Através dos anos, aprendi muitas coisas com a experiência de um grande número de pessoas. Gostaria de agradecer a elas e fazer-lhes um elogio público:

Um elogio especial a:
*Dr. Gerald Nelson*, que deu origem às Repreensões-Minuto, pelo que me ensinou a respeito de separar comportamento e dignidade pessoal.
E a:
*Dr. Kenneth Blanchard*, pelo que me ensinou sobre tantas coisas, inclusive bom humor e prosperidade.
*Dra. Dorothy Briggs*, pelo que me ensinou sobre a auto-estima das crianças.
*Dr. Thomas Connellan*, pelo que me ensinou sobre demonstrar o reforço positivo.
*Vernon Johnson*, pelo que me ensinou sobre a intervenção na crise.
*Dr. Charles McCormick*, pelo que me ensinou sobre a honestidade e o ato de tocar as pessoas.
*Earl Nightingale*, pelo que me ensinou sobre o Maior Segredo do Mundo.
*Dr. Carl Rogers*, pelo que me ensinou sobre a honestidade e a abertura pessoais.
*Dr. R. James Steffen*, pelo que me ensinou sobre a importância de fazer o que é mais importante agora.
*Dr. Thomas Gordon*, pelo que me ensinou sobre saber ouvir e cooperar.

# Sobre o Autor

O **Dr. Spencer Johnson** é presidente da Candle Communications Corporation, conferencista e consultor de comunicação, que ajuda as pessoas a diminuir a tensão e alcançar o sucesso, através de uma melhor comunicação.

Em 1977, muito antes de publicar seu *bestseller O Gerente-Minuto**, (em co-autoria com Kenneth Blanchard, Ph.D), o Dr. Johnson já estava usando, em sua própria casa, seu agora famoso método de três estágios para ensinar seus filhos a gostarem de si mesmos e a se comportarem bem.

Passou os anos seguintes ouvindo outros pais que estavam aprendendo a usar seu método com o mesmo sucesso. Muitas de suas sugestões práticas estão neste livro.

O Dr. Johnson é também o aclamado autor de mais de uma dúzia de livros de medicina e psicologia, inclusive a popular *ValueTale*, uma série de livros para crianças. Mais de quatro milhões de exemplares de seus livros estão atualmente em circulação.

Sua formação inclui graduação em psicologia pela Universidade da Califórnia do Sul, e mestrado no Royal College of Surgeons na Irlanda, e clínica médica na Faculdade de Medicina de Harvard, Los Angeles Children's Hospital e Clínica Mayo.

Também trabalhou como Consultor do Center for Study of the Person, Human Dimensions in Medicine Program e do Office of Continuing Education na Faculdade de Medicina, Universidade da Califórnia, La Jolla.

---

*Publicado no Brasil pela Editora Record. (*N. da T.*)